세상을 움직인 사람들의 성공 시크릿

초등학생에게 꼭 필요한 22가지 지혜로운 명언 이야기

최송림 엮음
이 정 그림

(주)학은미디어

| 머리말 |

지혜로운 사람들이 남긴 교훈, 명언(名言)

　인류의 역사는 오래오래 이어져 내려오면서 몰라보게 발전했어요. 나무로 불을 피우고 사냥을 하던 원시 시대가 우주 여행까지 눈앞에 둔 놀라운 과학 문명의 시대로 바뀌었지요. 우리는 원시 시대에는 생각도 할 수 없을 만큼 편리한 생활, 안락한 생활을 누리며 평화롭게 살고 있어요.

　오늘날 우리가 생활하는 평안한 집, 날마다 먹는 맛있는 음식은 어쩌면 옛날의 임금님보다도 더 나은 생활인지도 몰라요. 우리는 캄캄한 밤에도 밝은 불빛 아래에서 마음껏 책을 읽지만 옛날에는 호롱불밖에 없었잖아요. 혀에서 살살 녹는 아이스크림이나 피자는 엄청난 땅을 정복했던 나폴레옹 황제나 알렉산더 대왕도 결코 맛볼 수 없었던 음식들이랍니다.

　이렇게 좋은 세상으로 발전하기까지는 수많은 사람들의 피와 땀과 눈물이 있었어요. 학문과 예술을 갈고 닦고 이 땅에 자유와 평화를 실현하려고 애쓴 사람들 덕분에 우리가 평화와 행복을 누릴 수 있는 것이지요.

훌륭한 사람은 훌륭하게 태어나는 것이 아니에요. 사람은 누구나 똑같이 아기로 태어나지만 열심히 노력하고 행동한 결과에 따라 많은 차이가 생기는 거예요. 역사 속에서 큰 이름을 남긴 사람들은 어려움을 만났을 때에도 실망하고 주저앉지 않았어요. 지혜로운 사람들이 남긴 교훈을 되새기면서 힘을 내고 다시 도전했답니다.

명언은 조개 속에서 발견되는 아름다운 진주와도 같아요. 치열한 삶 속에서 나온 진실한 깨달음이기 때문이지요. 그러므로 좋은 명언을 마음에 새기면 어려운 일을 당할 때, 실망이 될 때 큰 힘을 얻을 수 있어요.

우리 어린이들의 앞날에도 좋은 일과 함께 어려운 일이 수없이 펼쳐질 거예요. 진주와도 같은 명언을 되뇌면서 새 힘을 얻고 더 나은 미래로 전진하기로 해요. 알았지요?
자, 약~속!

…엮은이…

| 차례 |

꿈과 희망이 쑥쑥 자라는 지혜 이야기

해 보기나 했어?
아니, 이게 뭐야? ~ 8

살찐 노예가 되느니 차라리 굶어 죽는 한이 있더라도 자유를 누리는 것이 훨씬 값지다.
서울 쥐와 시골 쥐 ~ 14

인내는 쓰다. 그러나 그 열매는 달다.
외다리로도 뛸 거예요! ~ 25

나는 성공한 사람보다는 가치 있는 사람이 되기 위해 노력한다.
보지 않아도 아는 것 ~ 32

★ **FUNFUN 끝말잇기 미로 ~ 41**

내 키를 땅에서부터 재면 누구보다 작아도, 하늘로부터 재면 누구보다 크다.
거꾸로 세우면 되지요 ~ 42

펜은 칼보다 강하다.
너는 크게 성공할 거야 ~ 50

좋은 친구가 생기기를 기다리는 것보다 스스로가 누군가의 친구가 되었을 때 행복하다.
친구 대신 죽겠어요 ~ 60

낙관주의자는 장미에서 가시가 아니라 꽃을 보고, 비관주의자는 꽃을 망각하고 가시만 쳐다본다.
어차피 걸레질을 할 바에야 ~ 68

★ FUNFUN 성냥개비 퍼즐 ~ 73

나라가 있어야 가문도 있다.
전쟁터로 나가는 데 69세가 문제인가! ~ 74

노력은 항상 어떤 이익을 가져온다. 성공 못하는 자들에게는 게으름의 문제가 있다.
10분 더 빨리! ~ 84

천재는 1%의 영감과 99%의 노력으로 만들어진다.
실패란 없어. 안 되는 경우를 알아낸 것뿐! ~ 90

★ FUNFUN 수수께끼 ~ 96

사랑과 용기가 가득한 슬기 이야기

용서는 최고의 복수이다.
나 하나가 참으면 ~ 98

지금 신에게는 아직도 전선 12척이 있사옵니다.
조각배도 살려 보내지 마라 ~ 105

세월은 사람을 기다리지 않는다.
더 빨라도 문제, 더 늦어도 문제 ~ 112

그대의 하루하루를 그대의 마지막 날이라고 생각하라.
아, 5분…! ~ 118

눈물과 더불어 빵을 먹어 보지 않은 사람은 인생의 참다운 맛을 모른다.
20달러의 사랑 ~ 124

학문에는 왕도가 없다.
아, 이제야 겨우! ~ 130

불행은 친구가 아닌 자를 가려 준다.
아닌 밤중에 홍두깨라더니! ~ 138

★ FUNFUN 49칸 퍼즐 ~ 147

너 자신을 알라.
어이쿠, 창피해 ~ 148

고기가 탐나거든 그물을 짜라.
내 며느릿감은 내 손으로 ~ 156

아는 것이 힘이다.
그 재산이 무엇이오? ~ 164

부(富)란 바닷물과도 같다. 마시면 마실수록 목이 마른다.
끝없이 욕심을 부리다가 ~ 171

★ 초등학생을 위한 101가지 명언 ~ 178
★ FUNFUN퀴즈 정답 ~ 182

초등학생에게 꼭 필요한 22가지 명언 동화

꿈과 희망이 쑥쑥 자라는
지혜 이야기

:: 해 보기나 했어? —정주영

 **정주영 (1915~2001)**
우리나라의 기업인이자 정치인이에요. 현대 그룹의 창업자로 잘 알려져 있지요. 가난한 현실을 노력으로 극복한 자수성가의 대표격인 인물이에요. 1998년 소 500마리와 함께 판문점을 넘어 국제적인 주목을 받았고요. 이후 소 501마리를 더 보내는 등 여러 차례 방북한 끝에 우리나라 일반인들도 북한을 여행할 수 있도록 한 '금강산 관광'을 이루어 냈답니다.

아니, 이게 뭐야?

 올림픽
4년마다 열리는 국제 운동 경기 대회

 메달
표창이나 기념의 의미로 금·은·동에 모양을 새겨 만든 둥근 패

세 마리의 개구리frog가 신 나게 장난을 치며 놀고play 있었습니다.

"신 난다! 우리we보다 더 높이 뛸 수 있는 개구리들이 있을까?"
"개구리 올림픽*Olympics에 나가면 틀림없이 메달*medal을 딸 수 있을 거야."

"야호, 야호! 누가who 제일 높이high 뛰나 펄쩍펄쩍 뛰어 보자!"

커다란 우유통 옆에서 높이뛰기 놀이를 하다가 그만 세 마리의 개구리가 우유통 속에 첨벙 빠지고 말았습니다.

"으악!"

"아이고, 개구리 살려!"

우유통 안에는 牛乳우유가 반쯤 담겨 있었습니다. 도움의 손길은 어디에서도 오지 않았고, 정신없이 四方사방을 둘러보아도 빠져나갈 길도 전혀 보이지 않았습니다.

"곧 지칠tired 텐데 어쩌면 좋아?"

"난 벌써부터 氣運기운이 없어. 무슨 方法방법이 없을까?"

이성적
사물의 이치를 헤아려 바르게 판단하는

첫 번째first 개구리는 이성적인 눈으로 우유통 위를 바라보았습니다. 높이가 높아서 아무리 펄쩍 뛰어도 통 밖으로 나갈 수 있을 것 같지 않았습니다.

'제아무리 버둥거려 봐야 살기는 틀렸다. 이래도 죽고die 저래도 죽을 바에는 괜히 苦生고생하지 말고 곱게 죽자. 고생하다 죽으나 그냥 죽으나 마찬가지 아닌가.'

작별
이별의 인사를 함.

그래서 삶을 아예 포기하고 친구friend들에게 作別작별의 인사를 건넸습니다.

"어차피 죽을 게 뻔한데 그냥 편히 죽는 게 낫겠어. 모든all 일을 하느님God 뜻에 맡길 거야."

첫 번째 개구리는 말을 마친 다음 제대로 한 번 버둥거려 보지도 않고 발foot을 모아 붙인 채 꼼짝도 하지 않고 있다가 숨breath이 멈췄습니다.

두 번째second 개구리는 통barrel 속을 몇 바퀴 돌며 살 길을 찾아보았습니다. 그러나 아무리 찾아도 길이 보이지 않자, 길길이 날뛰며 화anger를 터뜨렸습니다.

"아, 내가 미쳤지mad! 억울해 미치겠구나! 왜 그런 높이뛰기를 했단 말인가. 幸福행복하게 살 길을 이렇게 끝내 버리다니! 왜! 왜 그런 놀이를 하자고 했어, 응? 비참하게 이 우유통에서 죽을 수는 없단 말이야! 악! 억울해!"

쉴 새 없이 울부짖으면서 버둥거리다가 結局결국 기운이 떨어져 우유통 속에서 숨을 거두고 말았습니다.

세 번째third 개구리 역시 우유통 속에 떨어지는 순간, 일이 잘못되었다는 것을 깨달았습니다.

"큰일 났다! 돌이킬 수 없는 큰 失手실수를 했구나."

마음속에 엄청난 두려움fear이 피어오르며 몸body에서 모든 힘이 쑤욱 빠져나가는 것 같았습니다. 그러나 억지로라도 힘을 내야 한다고 생각했습니다.

"그렇다고 해서 가만히 죽음death을 기다리고 있을 순 없다. 죽을 때 죽더라도 숨이 넘어가는 그 순간까지는 生命생명의 줄을 놓지 말아야 한다. 어떻게든 살아날 길을 찾아야 해. 마지막last 순간까지 努力노력해야 돼!"

그러면서 잠시도 쉬지 않고 부지런히 몸을 놀려 계속해서 헤엄을 쳤습니다.

> **감촉**
> 피부에 닿는 느낌

> **버터**
> 우유의 지방을 분리하여 응고시킨 식품

그런데 코nose를 우유 밖으로 내밀고 계속 헤엄을 치며 돌아다니다 보니까, 뒷발에 무엇인지 딱딱한hard 것이 닿는 것 같았습니다. 분명히 감촉이 단단한 物質물질이었습니다.

'어? 우유통 안에 무슨 딱딱한 게 있지?'

조심스럽게 확인해 보니 그것은 놀랍게도 버터butter였습니다.

'오, 우유가 식으면서 딱딱하게 굳었구나. 아, 어쩌면 살아날 길이 생기겠구나.'

세 번째 개구리가 쉬지 않고 뒷발로 우유를 휘저으며 헤엄치는 동안, 우유가 식으면서 버터가 만들어진 것입니다.

"살았다!"

最後최후까지 삶을 포기하지give up 않고 움직인move 세 번째 개구리는 딱딱한 버터 덩어리를 밟고 무사히 우유통 바깥으로 뛰어나올 수 있었습니다.

"에이, 그만두자. 어차피 안 되는 일이야."

일을 시작하기도 전에 지레 겁을 먹고 모든 것을 포기해 버리는 사람들이 있어요.

그런 사람들을 만날 때면 정주영 회장은 이렇게 말했대요.

"이봐, 해 보기나 했어?"

긍정적인 마음가짐이 성공의 원동력이 되지요. 무엇이든 할 수 있다고 생각하는 사람이 일을 해내는 법이에요.

여러분도 어떤 일을 시작할 때 "나는 할 수 있다."고 외쳐 보세요. 마음을 바꾸면 세상이 바뀐다는 말도 있잖아요.

그리고 무엇보다 중요한 것은 이런 긍정적인 마음을 '행동'으로 옮기려는 노력이라는 것도 잊지 마세요.

> 살찐 노예가 되느니 차라리 굶어 죽는 한이 있더라도 자유를 누리는 것이 훨씬 값지다. —이솝

who? 이솝 (기원전 620?~560?)

우화집 '이솝 이야기'를 지은 사람이에요. 이솝이 어떻게 살았는지에 대해서는 정확히 밝혀진 게 없어요. 다만 전해 내려오는 이야기에 따르면 기원전 6세기 전반에 그리스에서 활동하였다고 해요. 그리스 역사가인 헤로도토스에 따르면, 사모스 사람인 이아드몬의 노예였는데, 델포이 사람들로부터 억울한 누명을 쓰고 죽음을 당했다고 전해지고 있답니다.

서울 쥐와 시골 쥐

초대하다
불러서 대접하다.

조르다
끈덕지게 무엇을 자꾸 요구하다.

어느 날, 시골에 살고 있는 쥐mouse가 서울에 살고 있는 쥐를 집으로 招待초대하였습니다. 오지 않겠다고 하는 걸 시골 쥐가 몇 번이고 졸라서 오게 된 것이지요.

"어서 와. 오느라고 苦生고생했지?"

시골 쥐의 말에 서울 쥐가 거들먹거리며 대답했습니다.

"좋다고 야단을 해서 일단 오긴 왔는데 말야, 도대체 뭐가 그렇게 좋다는 거야?"

그러자 시골 쥐가 자신만만하게 對答대답했습니다.

"응, 마음대로 뛰어놀 수 있는 푸른green 벌판을 좀 봐. 들판이 끝나는 곳에는 작은 동산이 있고, 내가 어디에서 놀든지 무엇을 하든지 아무도 간섭 안하니까 정말 자유롭거든free."

"아, 그래?"

서울 쥐는 시큰둥한 表情표정으로 말했어요.

"그리고 공기air도 참 맑지. 아마도 가슴이 확 트일걸? 숨을 크게 들이켜 봐."

"그래? 어디 한번 해 볼까?"

서울 쥐는 한껏 으스대며 심호흡을 하였습니다. 시골의 맑은 공기는 확실히 서울의 텁텁한 공기와는 달랐어요. 가슴속이 뻥 뚫린 듯 시원해졌지요.

"어때? 속이 다 시원하지 않아? 그렇지?"

서울 쥐는 역시 별거 아니라는 표정으로 대답했습니다.

"시골이니까 공기가 좋을 수밖에……. 차car도 없고, 오락실도 없고, 재미있는 건 아무것도 없잖아?"

간섭
남의 일에 참견함.

시큰둥하다
못마땅하여 시들하다.

심호흡
길게 쉬는 숨

기대에 차서 물었던 시골 쥐의 얼굴이 조금 어두워졌습니다.

"그래도 健康건강에는 아주 좋은데……. 나무tree가 많잖아."

시골 쥐의 말에 서울 쥐가 껄껄 웃으며 말했습니다.

"얘, 시골 쥐야. 넌 태어나서부터 쭉 시골에서만 살았지?"

시골 쥐가 머리를 긁적이며 대답했습니다.

"으응, 어디 도시city에 나갈 기회가 있었어야지. 아는 친구가 아무도 없는걸."

서울 쥐는 시골 쥐의 말에 배꼽을 잡고* 웃으며 말했습니다.

"아, 어쩐지! 촌스럽기가 이루 말할 수 없더라니까! 얘, 네 차림새 좀 봐라. 그렇게 입고 어디 부끄러워서 외출이나 하겠니?"

서울 쥐의 말에 시골 쥐는 자기가 입은 옷clothes을 살펴보았어요. 비록 오래된old 무명옷*이지만 개울물에 자주 빨아서 깨끗했습니다. 마을 사람들 모두 무명옷을 입기 때문에 오히려 비단옷을 입은 서울 쥐가 너무 화려해 보였지요.

"서울 쥐야, 서울에서는 모두들 너처럼 이렇게 화려하고 비싼 비단옷을 입고 사니?"

"아, 그럼! 서울에는 너처럼 해진* 옷을 입고 다니는 이가 아무도 없어. 쓰레기통만 뒤져도 비단옷 천지*인걸."

🍄 **배꼽을 잡다**
몹시 우스워 배를 움켜잡고 크게 웃다.

🍄 **무명옷**
무명실(목화의 솜을 자아 만든 실)로 지은 옷

🍄 **해지다**
닳아서 떨어지다.

🍄 **천지**
대단히 많음.

서울 쥐의 말에 시골 쥐는 근심스러운 얼굴이 되었습니다. 갑자기 서울 쥐와 자기의 處地처지가 하늘과 땅 차이인 듯 느껴지면서 서울 쥐를 시골로 초대한 것이 부끄러워졌습니다. 서울 쥐가 무척 기뻐할 줄 알았거든요.

처지
처하여 있는 형편

이야기를 나누며 걷다 보니 어느새 시골 쥐가 사는 집house에 이르렀습니다. 어두컴컴한 툇마루 밑으로 들어가면서 서울 쥐는 한숨을 푹푹 쉬고 짜증을 냈어요.

툇마루
원마루 밖에 좁게 달아 낸 마루

"아유, 이런 데서 어떻게 살아? 집에 샹들리에도 없어?"
시골 쥐는 눈을 동그랗게 뜨고 물었습니다ask.

샹들리에
천장에 매달아 드리우게 되어 있는, 여러 개의 가지가 달린 등

"그게 뭔데?"
"밤에도 대낮처럼 환하게 불을 밝혀 주는 아름다운beautiful 전등이야."
"와, 서울에는 그런 것도 있어?"
"그럼. 서울에는 없는 게 없거든."

시골 쥐네 집이 마음에 들지 않아 입이 쑥 나온 서울 쥐를 보며 시골 쥐는 미안해서sorry 어쩔 줄을 몰랐습니다. 미리 準備준비해 놓은 밥상을 들고 오며 잔뜩 풀 죽은 목소리로 말했어요.

"시골까지 와 줘서 고마워. 차린 건 없지만 많이 먹어."

이삭
곡식을 거둘 때 땅에 흘리거나 빠뜨린 낟알

밥상에는 깨끗하게 씻어 말린 밀과 보리 이삭, 감자potato 등이 예쁘게 담겨 있었어요.

서울 쥐는 밥상을 받고도 먹을 생각을 하지 않았습니다.

"왜 그래? 어서 먹어."

한눈
한 번 봄. 또는 잠깐 봄.

권하는 시골 쥐의 목소리에는 힘이 없었습니다. 한눈에도 서울 쥐가 失望실망한 것이 보였거든요.

한참 만에 서울 쥐가 긴 한숨을 내쉬면서 말했습니다.

딱하다
가엾다.

"정말 딱하다. 이런 형편없는 음식을 먹으며 지내다니 말이야."

"보리 이삭이 형편없다고? 얼마나 고소한데 그래. 조금이라도 좀 먹어 봐."

부끄러워 얼굴이 발개진 시골 쥐의 말에도 서울 쥐는 먹을 생각을 하지 않았습니다.

"미안해. 그런데 난 이런 것은 목에 안 넘어가. 널 보니 내가 얼마나 幸福행복하게 살고 있는지 알겠어."

"넌 뭘 먹고 사는데?"

풀이 죽은 시골 쥐가 서울 쥐에게 물었습니다.

대접하다
음식을 차려 제공하다.

"말로 해도 너는 알아듣지 못할 텐데, 뭐. 아, 그러지 말고 당장 우리 집으로 가자. 내가 맛있는delicious 음식을 대접할게. 입에서 살살 녹는 게 어떤 건지 보여 주고 싶어. 너한텐 완전히 새로운 世界세계가 될 거야. 어쩜 다시 시골로 안 내려간다고 할지도 모르고 말이야. 하하하."

서울 쥐가 시골 쥐의 옷깃을 잡아끌며 말했습니다.

시골 쥐도 서울 쥐의 말에 귀ear가 솔깃해졌습니다. 밀과 보리 이삭, 감자보다 몇 倍배나 맛있는 음식이 무엇인지도 무척 궁금해졌거든요.

"그, 그럼 가 볼까?"

서울 쥐와 시골 쥐는 그 길로 곧장 서울로 올라왔습니다. 산골에서만 살던 시골 쥐의 눈에 서울의 모습은 그야말로 놀라웠어요. 계속 입에서 感歎감탄이 쏟아져 나왔습니다.

"와! 세상에! 서울은 정말 끝이 없네? 와, 집이 이렇게 많다니! 크기도 엄청나게 크다big!"

시골 쥐의 눈에는 서울의 모든 것이 신기하고 놀라웠습니다.

"대단하지? 내 말이 맞지?"

"그래. 나는 이런 세상이 있는 줄도 모르고 살았어. 데려와 줘서 정말 고마워thanks."

시골 쥐는 서울 쥐가 고마워서 눈물이 날 지경이었습니다.

솔깃하다
그럴 듯하여 마음이 쏠리다.

감탄
감동하여 탄복함.

지경
'정도', '형편'의 뜻을 나타냄.

서울 쥐는 더욱더 으스대며 시골 쥐를 자기가 사는 高級고급 식당으로 데리고 갔어요. 밤이라 식당 안에는 아무도 없었습니다.

식탁 위에는 온갖 먹음직스러운 과일fruit과 멋들어진 케이크, 아이스크림 등이 잔뜩 차려져 있었습니다. 시골 쥐는 벌써 입안에 침이 고였지요.

"이걸 다 먹어도 돼?"

"그럼. 먹을 것은 얼마든지 있으니 실컷 먹어."

"고마워. 꿈dream만 같아, 서울 쥐야."

시골 쥐가 케이크 한 조각을 집으려는 순간, 갑자기 식당 문이 벌컥 열렸습니다. 서울 쥐가 서울 쥐를 끌어당기며 말했어요.

"이크, 빨리 숨자!"

서울 쥐와 시골 쥐는 잽싸게 쥐구멍으로 숨었습니다.

잠시 후 사람person의 발자국 소리가 밖으로 사라졌습니다.

"자, 이제 나가자."

서울 쥐와 시골 쥐는 살금살금 쥐구멍에서 나왔습니다. 서울 쥐는 아무렇지도 않아 보였지만 시골 쥐는 겁에 질린 눈치였어요.

안심하다
근심, 걱정이 없어져 마음이 편안하다.

배짱
굽히지 않고 버티는 힘

"하하, 이런 일은 별로 없어. 이제는 安心안심하고 먹어도 돼."

"그래? 난 너무 놀라서 숨이 막히는 줄 알았어."

"서울에서 살려면 배짱 하나는 두둑해야 돼."

"난 겁이 많아서……."

"왔다 갔으니까 이젠 안 온다니까! 걱정 말고 어서 먹자."

"그래, 난 아이스크림ice cream부터 먹어야지."

시골 쥐가 아이스크림을 한 숟가락spoon 떠서 입에 가져가려는 순간, 또다시 문이 덜컹 열리며 사람이 들어왔습니다.

"숨어!"

서울 쥐와 시골 쥐는 다시 잽싸게 달려 쥐구멍으로 숨었습니다.

잠시 후 사람의 발자국이 멀어지자 서울 쥐와 시골 쥐는 다시 밖으로 나왔습니다. 그러나 시골 쥐는 하얗게 질려 있었어요. 음식을 먹고 싶은 생각이 싹 달아나 버렸지요.

"애고…서울 쥐야, 난 그만 시골로 내려갈래."

시골 쥐가 가슴을 쓸어내리며 말하였습니다.

"왜 그래? 지금부터 맛있는 음식을 실컷 먹을 텐데……."

서울 쥐가 바보fool 같은 소리 말라는 듯 손hand을 내저으며 말했습니다.

그러나 시골 쥐는 단단히 마음먹은 듯 세차게 고개를 흔들며 말했어요.

"난 이렇게는 못 살겠어. 목숨을 내놓고 **不安**불안하게 사는 것보다는, 차라리 시골에서 맛없는 음식을 먹을지언정 마음 편히 사는 게 더 좋아. 넓은 들을 아무 눈치도 안 보고 마음껏 뛰어다니며 놀 수도 있고, 개울에서 깨끗한 물water을 마음껏 마실 수 있고, 아늑한 우리 집에서 자고 싶을 때 자고 먹고 싶을 때 먹으며 살 거야. 그것이 백 배 천 배 더 행복하니까happy!"

시골 쥐는 서울 쥐가 붙잡는 걸 뿌리치고 총총히* 시골로 돌아갔습니다.

총총히
몹시 급하고 바쁘게

사람은 자유를 누리고 살아야 행복합니다. 아무리 좋은 집에서 호화로운 옷을 입고 맛있는 음식을 먹는다고 해도 갇혀서 감시를 받으며 산다면 결코 행복하지 못할 거예요.

자유는 누구에게나 주어져야 하지만 그만큼 책임도 따릅니다. "내 자유야, 내 자유!" 하면서 약한 사람에게 피해를 주고 질서를 지키지 않는다면 어떻게 되겠어요? 나의 자유가 소중하면 다른 사람의 자유도 소중하게 생각해야 합니다. 서로 존중하고 이해하며 배려하는 가운데 나의 자유도 지켜진다는 것을 잊지 마세요.

예전에 우리나라는 일본의 침탈로 주권을 빼앗겼던 때가 있었어요. 그때 소중한 자유를 되찾기 위해 얼마나 많은 사람이 피를 흘렸는지 생각해 보세요!

자유로운 생각 속에서 빛나는 창의력이 꽃피게 됩니다. 자유롭게 상상의 날개를 펼치며 멋진 미래를 꿈꾸는 어린이가 되어야겠습니다.

∷ 인내는 쓰다. 그러나 그 열매는 달다.
—루소

who? 루소 (1712~1778)

프랑스의 철학자·교육학자예요. 이성의 시대를 끝맺고 낭만주의의 기초를 마련했지요. 그의 개혁 사상은 음악을 비롯한 여러 예술에 큰 변화를 가져왔어요. 사람들의 생활 방식과 교육 방식에도 변화를 일으켰지요. 자유로운 감정의 표현을 중요하게 생각해서 누구나 자연의 아름다움에 눈뜨고 자유를 가장 중요한 가치로 생각할 것을 주장했답니다.

외다리로도 뛸 거예요!

미국 브랜든 대학교의 女子여자 농구부에 트레이시라는 선수가 있었습니다. 여자인데도 키가 182센티미터나 되었으니 타고난 좋은 體格체격을 가진 셈이었지요. 팀의 동료 선수들은 모두 트레이시를 부러워했습니다. 뿐만 아니라 학교의 期待기대도 한 몸에 받고 있었지요. 농구basketball 선수에게 있어서 키가 크다는 것은 아주 유리한 조건이었으니까요.

체격
근육·뼈대·영양 상태로 나타나는 몸의 바깥 모양새

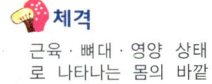
유리하다
이익이 있다.

"날마다 더 좋아지는걸? 트레이시, 조금만 더 努力노력하면 대단한 선수가 될 거야."

"넷, 더 노력하겠습니다, 감독님!"

트레이시는 하루하루 땀을 흘리며 訓鍊훈련을 하는 것이 너무나 행복했습니다.

1993년 1월, 다른 대학과의 경기가 있던 그날도 트레이시는 코트court 안을 마음껏 뛰고 달리며 자신의 實力실력을 발휘했습니다. 경기가 거의 끝나 갈 무렵, 공ball이 트레이시에게 왔습니다. 트레이시는 마지막 기회를 멋지게 살리고 싶었어요.

코트
농구, 배구 등의 스포츠 경기를 하는 곳

'좋은 기회다! 좋아, 점프 숏jump shoot을 해야겠다.'

트레이시는 경기장을 박차고 높이 뛰어오르며 숏을 날렸습니다. 그리고 바닥에 오른발을 내딛는 순간,

"악!"

날카로운 悲鳴비명과 함께 트레이시가 그만 코트 위에 쓰러지고 말았어요.

"트레이시!"

경기는 잠시 中斷중단되었고, 사람들이 쓰러진 트레이시 주위로 몰려들었습니다.

"이, 이런……!"

높이high 뛰어올랐던 충격으로 트레이시의 무릎뼈가 으스러진 것입니다.

병원으로 옮겨진 트레이시는 몇 時間시간이나 걸리는 큰 수술을 받았습니다. 마취에서 깨자마자 트레이시는 의사doctor에게 물었어요. 그녀의 머릿속에는 온통 농구 생각밖에 없었거든요.

"수술은 잘됐나요, 선생님?"

"아, 걱정 말아요. 잘됐습니다."

"그럼 곧 回復회복되겠지요? 다시 운동할 수 있지요?"

"잘 회복될 테니 너무 걱정 마세요. 마음을 편안하게 가져야 회복에 도움help이 됩니다."

말은 이렇게 하면서도 트레이시를 보는 의사들의 표정은 밝지 않았습니다. 좋지 않은 느낌이 트레이시의 심장을 떨리게 했어요.

'아, 다시 코트에 설 수 없으면 난 어쩌지?'

트레이시는 자신의 不安불안한 예감이 맞았다는 것을 곧 알 수 있었습니다.

> 예감
> 일이 있기 전에 본능적으로 미리 느낌.

그 후 3개월 동안 트레이시는 아홉 번이나 手術수술을 받았어요. 의사들은 트레이시의 오른쪽 다리leg를 살리기 위하여 뼈를 이식하면서까지 갖은 노력을 기울였지만 성공할 수 없었습니다.

> 이식하다
> 신체의 조직이나 장기를 떼어 내어 옮겨 붙이다.

"트레이시, 오늘은 마음 아픈 말을 전해야겠어요."

"네? 무슨……?"

"우리로서는 최선을 다했지만……. 다리를 잘라야 합니다."

"네?"

트레이시의 눈에서 쉴 새 없이 눈물tear이 흘러내렸습니다. 이제 운동선수로서의 生命생명이 끝난 것이나 다름이 없으니까요. 외다리로 어떻게 농구 코트에서 뛸 수 있겠어요?

> 외다리
> 하나만 있는 다리

'아, 앞으로 난 어떻게 살까?'

다리 절단*수술이 豫定예정된 하루 전날, 농구팀 감독이 트레이시를 찾아왔습니다.

절단
끊어 자름.

"기다리마, 트레이시. 네 등 번호number인 10번은 네가 돌아올 때까지 남겨 두겠다."

감독의 말에 트레이시의 눈에 강한 希望희망의 빛이 어렸습니다. 그러더니 믿을 수 없을 만큼 밝은 목소리로 힘차게 대답하는 것이었어요.

"감독님, 꼭 회복해서 팀에 復歸복귀하도록*할게요."

"그럼! 그래야지!"

복귀하다
제자리나 제 상태로 다시 돌아오다.

사실 그 자리에 있는 사람들 가운데 감독의 말을 믿는 사람은 아무도 없었습니다. 트레이시의 부모parents 역시 그 말을 딸을 위로하기 위한 인사말쯤으로 여겼어요.

그러나 3개월 후, 브랜든 대학교 농구부의 첫 鍊習연습이 있는 날 가장 먼저 경기장에 나타난 사람은 연습 가방bag을 멘 트레이시였습니다. 그녀는 오른쪽 무릎 아래에 의족*을 끼고 있었어요.

이윽고 선수들이 다 모이자 감독이 선수들의 연습 팀을 조별로 나누었습니다.

"트레이시는 1조다!"

의족
발이 없는 사람을 위하여 인공으로 만들어 붙이는 발

외다리로도 뛸 거예요! 29

"네, 감독님!"

감독은 전력 질주만 뺀 나머지 모든 연습에 트레이시를 참가시켰습니다. 다리를 切斷절단한 뒤 4개월 만에 트레이시는 첫 경기에 참가했어요. 그녀의 등 번호는 예전과 같은 10번이었지요. 트레이시는 다른 동료들과 함께 달리고 뛰고 슛을 날렸습니다.

"오, 믿어지지 않는걸. 놀라운 精神力정신력을 가진 선수구나!"

사람들은 트레이시에게 아낌없는 박수를 보내 주었습니다.

"12점에 6개의 리바운드rebound를 잡다니, 트레이시! 정말 훌륭했다!"

감독은 얼굴 전체에 함박웃음을 지으며 트레이시의 어깨를 두드려 주었습니다.

"고맙습니다thanks, 감독님. 저를 믿고 기다려 주신 감독님 덕분이에요."

발갛게 달아오른 트레이시의 얼굴face에 가슴 벅찬 두 줄기 눈물이 흘러내렸습니다. 트레이시가 낸 이 成績성적은 그녀가 다리를 절단하기 전에 냈던 것보다 훨씬 좋은 성적이었어요.

전력 질주 온 힘을 다해 빨리 달리는 일

리바운드 농구에서 슈팅한 공이 바스켓에 들어가지 않고 링이나 백보드에 맞고 튀어 나오는 일

함박웃음 크고 환하게 웃는 웃음

벅차다 기쁨, 희망 등의 감정이 넘칠 듯이 가득하다.

그 누구도 자기의 앞날을 알지 못해요. 오늘날은 거리에 자동차가 홍수를 이루지만 그 편리함 못지 않게 교통사고로 아픔을 겪는 사람도 많지요. 예상하지도 못했던 엄청난 불행 앞에 서게 되었을 때 사람은 누구나 실망하고 슬퍼합니다. 살고 싶은 의욕마저 사라져 버리기 일쑤입니다.

큰 불행 앞에서 용기를 낼 수 있는 사람이 진짜 용감한 사람이에요. 자신의 처지에 실망하는 대신 꿋꿋한 의지로 어려움을 이겨 나간다면 반드시 극복할 날이 오게 됩니다. 그리고 눈물과 땀이 만들어 낸 보석과 같은 아름다운 열매가 맺히게 될 것입니다.

∷ 나는 성공한 사람보다는 가치 있는 사람이 되기 위해 노력한다. —아인슈타인

who? 아인슈타인 (1879~1955)

독일 태생의 미국 이론 물리학자예요. '특수 상대성 원리', '일반 상대성 원리', '통일장 이론' 등을 발표하며 세계적인 물리학자로 이름을 높였지요. 1921년에는 노벨 물리학상을 수상하기도 했어요. 헝클어진 머리, 콧수염 등 그의 특이한 외모와 체면을 세우지 않는 행동은 많은 사람들에게 호감을 주었다고 해요.

보지 않아도 아는 것

느닷없이 비rain가 쏟아지기 시작하자 뉴욕의 거리는 허둥지둥 뛰는 사람들로 요란했습니다.

"일기 예보에 暴雨폭우가 쏟아진다는 말은 없었는데……."

사람들은 볼멘소리*를 하면서 총총걸음*으로 건물building 속으로 사라졌습니다.

 폭우
갑작스럽게 세차게 많이 쏟아지는 비

볼멘소리
화가 나서 퉁명스럽게 하는 말투

총총걸음
땅을 구르듯이 급히 걷는 발걸음

"잠깐 오다가 말겠지, 뭐. 일단 아무 데서나 비를 피하고 보자."

사람들은 처마가 있는 빌딩 아래 여기저기에서 비를 피하느라고 소란스러웠습니다.

그런데 생각만큼 빗줄기가 약해지지 않았습니다. 한참을 기다려도 비는 그치지 않았어요.

'이거 어쩌지? 하염없이 기다리고 있을 수도 없고. 근처에 어디 우산umbrella 가게 없나?'

서 있던 사람들 중에는 우산 가게를 찾느라 이웃 빌딩 쪽으로 달려가는 사람도 있었습니다. 빗줄기는 점점 더 굵어졌어요.

"어, 이것 참!"

그때 한 노부인이 줄기차게 퍼붓는 비를 피하기 위해 대형 가구점 문door을 밀고 안으로 들어왔습니다. 빗물에 젖은 머리hair에서 빗방울이 뚝뚝 떨어져 고급스러운 카펫carpet 위로 떨어져 내렸지요.

"죄송합니다. 비를 피할 데가 마땅찮아서 그만……."

물water에 빠진 생쥐와 다름없는 부인의 모습은 점원들의 눈에 초라하게만 보였습니다.

"저를 좀 도와주실……."

勇氣용기를 내어 부인이 다시 한 번 직원들 쪽을 향해 말을 했지만 아무도 귀 기울여 주지 않았어요. 찬비를 맞은 노부인은 덜덜 몸을 떨기 시작했습니다. 혼자 서 있기조차 어려워 보였지요.

"아, 열이 나는데……."

찬비
차갑게 느껴지는 비

이제 부인의 목소리는 너무 작아서 잘 들리지도 않았습니다.
　그때 저쪽 판매대에서 店員점원으로 일하는 한 젊은이가 노부인에게 뛰다시피 다가왔습니다. 손에는 깨끗한 수건towel이 들려 있었지요. 젊은이는 노부인을 부축하여* 소파가 있는 곳으로 안내해 주었습니다.
　"자, 여기는 따뜻해요. 편하게 앉으셔서 수건으로 좀 닦으세요. 감기 드시겠어요."
　노부인의 눈eye에 고마운 빛이 어렸습니다.
　"고맙구려thanks, 젊은이. 갑자기 비가 쏟아지는 탓에 신세를* 지는구려."
　노부인은 덜덜 떨며 마른 수건으로 빗물을 닦기 시작했습니다.
　"안 되겠어요. 제가 나가서 빨리 댁에 가실 수 있도록 택시taxi를 불러올 테니 잠시만 기다리세요."
　"오, 그렇게만 해 준다면 너무 고맙겠소만……."

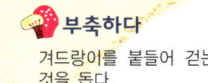

부축하다
겨드랑이를 붙들어 걷는 것을 돕다.

신세
도움을 받거나 폐를 끼치는 일

억수
물을 퍼붓듯 세차게 내리는 비

"제가 금방 다녀올게요."

젊은이는 억수같이 쏟아지는 빗속으로 달려 나가 택시를 잡아 왔습니다. 수건으로 몸body의 빗물을 닦아 낸 노부인은 아까보다 훨씬 더 편안해 보였어요.

택시가 出發출발하기 전, 노부인이 젊은이에게 작은 수첩을 내밀며 말했어요.

"고맙구려. 여기에다 젊은이의 이름name과 住所주소를 좀 적어 줘요."

"아니에요. 제가 뭘 한 게 있다고요."

재촉하다
빨리 하라고 조르다.

노부인이 재촉했습니다.

"그러지 말고 어서 적어 줘요."

마지못하다
내키지 않지만 그렇게 아니 할 수 없다.

노부인이 고집을 부리자 젊은이는 마지못해 수첩에 연락처를 적어 주며 말했습니다.

"안녕히 가세요. 가시자마자 약medicine 챙겨 드시는 것 잊지 마시고요."

"꼭 그렇게 하리다."

노부인은 젊은이의 모습이 보이지 않게 될 때까지 택시 안에서 손을 흔들었습니다.

다음 날 아침 業務업무가 막 시작되는 이른 시각에 가구점의 총책임자에게 전화telephone가 걸려 왔습니다.

"나는 앤드류 카네기입니다."

"네? 그 有名유명한 카네기 사장님 말입니까?"

"네, 그렇습니다."

그 노부인의 아들son이 미국 最大최대의 철강 재벌 앤드류 카네기였던 것입니다.

총책임자는 긴장된 목소리로 물었습니다.

"카네기 사장님, 무슨 일로 전화를 주셨습니까?"

"다름이 아니라, 내가 최근에 산 스코틀랜드의 성castle을 장식하는 데 필요한 家具가구를 모두 거기서 사고 싶소."

총책임자의 입이 함박만 하게 벌어졌습니다.

"榮光영광입니다. 저희로서는 대단한 영광이지요."

"그런데 그러기 전에 한 가지 조건이 있소. 나는 이번 일의 진행을 거기서 일하는 특별한special 젊은이가 다 맡아서 해 주기를 바라오."

카네기는 어머니가 건네준 수첩에 씌어진 젊은이의 이름을 알려 주었습니다.

커미션
물건을 사고팔 때, 중개인이 그 보수로 받는 요금. 수수료

"젊은이가 모든 판매를 管理관리하고, 커미션도 그에게 돌아가는 조건이오. 그리고 모든 費用비용은 우리가 부담할 테니 직접 스코틀랜드Scotland까지 가서 가구를 배치하는 일을 도와주었으면 좋겠소."

총책임자는 놀라움을 감추며 카네기를 설득했습니다.

"카네기 사장님, 말씀하신 그 젊은이는 아직 新入신입 사원입니다. 經驗경험이 많이 부족합니다. 이미 몇 년을 근무해 온 제가 훨씬 더 적임자이지요. 제게 맡겨 주십시오. 失望실망하시지 않을 것입니다."

적임자
어떤 일에 알맞은 사람

"그 젊은이가 아니면 계약하지 않겠소."

"네? 그 젊은이와는 어떤 사이이십니까?"

놀라서 묻는 총책임자에게 카네기는 이렇게 말했습니다.

연로하다
나이가 들어 늙다.

"연로하신 어머니께서 어제 그 젊은이의 도움을 받으셨소. 누군지도 모르는 사람에게 큰 親切친절을 베풀 수 있는 사람이라면 몇 년 정도의 경력 따위는 필요 없다고 생각하오. 그것이 젊은이의 됨됨이를 충분히 說明설명해 주기 때문이오. 그 친구에게 이 일을 맡기시오. 내가 바라는 대로 진행되는지 確認확인할 것이오. 만일 그렇게 되지 않으면 난 다른 곳에서 구매하겠소."

됨됨이
사람, 물건의 생긴 품

"아, 아닙니다, 사장님. 그에게 모든 걸 맡기겠습니다."

총책임자는 카네기의 마음이 바뀔세라 허리까지 깊숙이 숙이며 말했습니다. 앞으로 자신도 절대로 친절을 베푸는 일에 인색하면 안 되겠다는 생각을 하면서 말이지요.

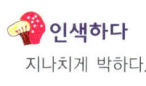
인색하다
지나치게 박하다.

▲ 카네기

 **카네기** (1835~1919)

미국의 기업가예요. 19세기 후반에 미국의 철강 산업을 놀랍게 발전시킨 당대 최고의 사업가였지요. 카네기는 엄청난 재산을 사회를 위해 사용했어요. 미국과 영국을 비롯한 여러 국가에 수많은 공공 도서관을 설립하기 위해 기부금을 내놓고, 어마어마한 규모의 자선 사업을 벌였지요. 생활이 불안정한 노동자들을 위해 기금을 내놓아 연금 제도를 마련하게 했고, 뉴욕 시에 설립한 카네기 재단을 통해 미국 대학 교수들을 위한 연금 기금도 만들었어요. 그 밖에도 카네기 재단은 문화의 발전을 위해 막대한 자금을 기부해 왔답니다.

콕콕 point

좋아하는 사람에게 친절하기는 쉬운 일이에요. 하려고 하지 않아도 저절로 되는 일이니까요. 자기보다 나은 위치에 있는 사람에게 친절을 베푸는 일도 어려운 일이 아니지요. 그렇게 하면 반드시 이로움이 따르니까요.

그러나 자기에게 보답할 힘이 없는 노인들이나 가난한 사람들, 어린아이들에게 무조건적인 친절을 베풀기는 쉽지 않아요. 너무 바쁘기 때문이기도 하고, 다른 사람에게 미루고 싶은 마음도 들기 때문이지요.

그러나 진짜 친절은 보답할 수 없는 사람들에게 베푸는 것이랍니다. 보답을 바라지 않는 친절이 진정으로 마음에서 우러나온 소중한 것이기 때문이지요.

끝말잇기 미로

★ 민수는 지금 슬기에게 가야 해요. 그런데 끝말잇기 미로를 통과해야만 슬기가 있는 곳에 도착할 수 있어요. 그림이 없는 부분에 들어갈 낱말을 맞히며 슬기가 있는 곳까지 가 보세요. ※정답은 182쪽에 있습니다.

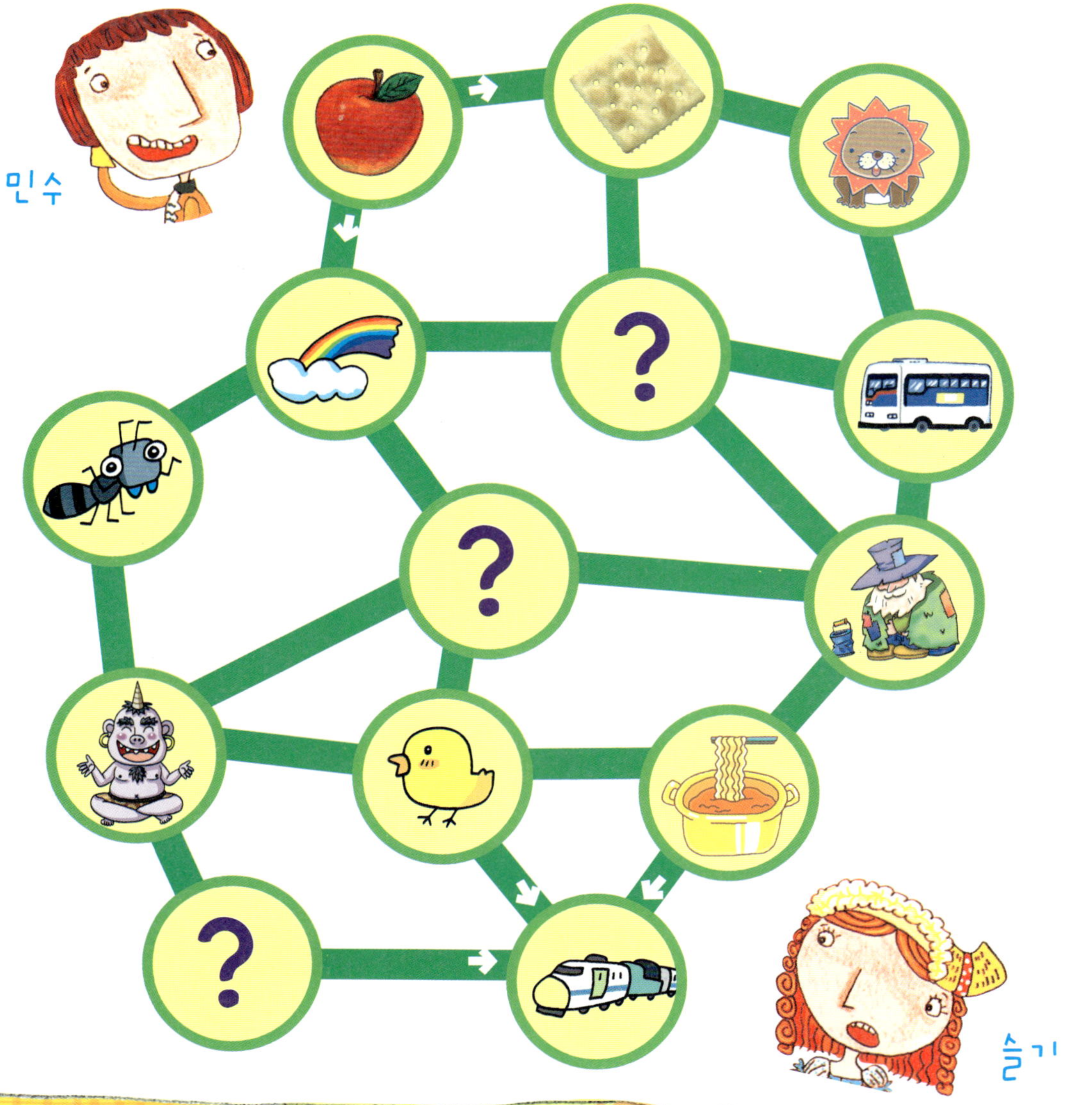

∷ 내 키를 땅에서부터 재면 누구보다 작아도, 하늘로부터 재면 누구보다 크다. -나폴레옹

 나폴레옹 (1769~1821)

프랑스의 군인·황제예요. 세계적인 영웅의 한 사람으로 꼽히지요. 프랑스 혁명의 사회적 격동기 후 제1제정을 건설했어요. 제1통령으로 국정을 정비하고 법전을 편찬하는 등 개혁 정치를 실시했고요, 유럽의 여러 나라를 침략하면서 세력을 떨쳤지요. 그러나 러시아 원정 실패로 엘바 섬에, 워털루 전투의 패배로 세인트헬레나 섬에 유배되기도 했답니다.

거꾸로 세우면 되지요

🍄 **탐험가**
위험을 무릅쓰고 미지의 세계를 찾아다니는 사람

🍄 **신대륙**
아메리카의 딴 이름

🍄 **바이킹**
7세기에서 11세기 사이에, 바닷길로 유럽 여러 곳을 다니던 노르만 족의 다른 이름. 약탈을 일삼았기 때문에 '해적'이란 뜻으로도 쓰이게 되었다.

탐험가인 콜럼버스는 신대륙인 아메리카America를 발견한 사람입니다.

그러나 콜럼버스가 발견했다고 하는 그 신대륙은 사실은 그가 발견한 것이 아니고, 그가 아메리카 대륙에 처음으로 到着도착한 유럽 인도 아닙니다. 이미 5백 년 전에 북유럽의 바이킹들이 아이

42 꿈과 희망이 쑥쑥 자라는 지혜 이야기

슬란드와 그린란드를 넘어 북대서양을 가로질러 캐나다 해변까지 가 본 적이 있다고 해요.

그럼에도 불구하고 콜럼버스가 이룬 중요한 業績업적이 있지요. 그것은 그가 아메리카로 향하는 최단 경로를 찾아 대서양을 가로질렀고, 콜럼버스 다음 세대 유럽 인들에게 전혀 알려지지 않았던 그들만의 새로운 세계를 세상world에 소개했다는 것이에요.

콜럼버스의 探險탐험과 발견은 유럽 인들에게 새로운 식민지와 이주의 땅을 얻게 했습니다. 아메리카 대륙이 오늘날 세계의 중심 국가가 되게 한 신호탄이었고, 그는 이 업적으로 西洋서양 역사상 가장 위대한 인물 중의 하나로 오늘날까지 남게 되었지요.

탐험에서 成功성공하고 돌아온 콜럼버스를 위해 날마다 성대한 축하 잔치가 열렸습니다.

"콜럼버스! 그대를 만나서 정말 영광이오."

"마음껏 먹고 즐기기를 바라오."

귀족이나 왕실 사람들도 다투어 그를 집에 招待초대했어요.

그러나 콜럼버스의 이름name이 높아지자 그를 시기하는 사람들이 생겨났습니다. 예전에는 거들떠보지도 않던 사람들이 콜럼버스만 찾으니, 배가 아파서 견딜 수가 없었던 것이지요.

개발
개척하여 발전시킴.

거들먹거리다
신이 나서 자꾸 거만하고 버릇없이 굴다.

골탕을 먹이다
크게 손해를 입히거나 낭패를 당하게 만들다.

초청장
초청하는 내용을 담은 편지

"흥, 뭐가 그렇게 대단하단 말이오? 쓸모없는 땅덩어리 하나 찾아낸 게 뭐 그리 대단하다고! 안 그렇소?"

"맞아요! 다들 콜럼버스, 콜럼버스, 노래를 부르니 정말 한심해요. 가까워야 開發개발을 할 것 아니에요?"

"난 그가 거들먹거리는 꼴이 눈에 거슬려 참을 수가 없소."

"그럼 우리 귀족들의 파티party에 초대해 골탕을 먹여 주는 게 어떨까요?"

"하하, 좋은 생각good idea이오. 한껏 높아진 콧대를 아주 납작하게 만들어 줍시다. 감히 우리 앞에서 잘난 체를 하다니요. 뜨거운 맛을 보여 줍시다."

귀족들은 화려한 파티를 열고 많은 사람들을 초대했습니다. 물론 콜럼버스에게도 招請狀초청장을 보냈지요. 초청장에는 이렇게 적어 놓았습니다.

'콜럼버스, 그대를 위한 파티입니다. 부디 오셔서 함께 즐겨 주십시오.'

콜럼버스는 기쁜 마음으로 파티장으로 향했습니다.

"오, 어서 오시오."

귀족들이 콜럼버스를 반갑게 맞아 주었어요.

"저를 위한 특별한special 파티를 열어 주셔서 감사합니다."

콜럼버스는 예의 바르게 인사를 했습니다.

"그대의 업적에 비하면 변변치 못한 파티이지요. 부디 기쁘게 즐겨 주오."

"감사합니다."

콜럼버스는 사람들과 어울려 즐겁게 먹고 마시고 對話대화를 나누었어요. 한창 파티가 무르익었을 무렵, 한 사람이 자리에서 일어나더니 콜럼버스에게 말했습니다.

무르익다
시기나 일이 충분히 성숙되다.

"콜럼버스, 한 가지 묻고 싶은 것이 있습니다."

"네, 말씀하시지요."

콜럼버스가 미소를 띤 채 대답했습니다.

"대서양을 서쪽으로 항해하여 새 섬island을 발견한 것이 그렇게 대단한 功勞공로일까요? 당신이 아니더라도 누구나 할 수 있는 일이 아닐까요?"

항해하다
배를 타고 바다 위를 다니다.

공로
힘쓴 공적

순간, 콜럼버스의 얼굴이 굳어졌습니다. 周圍주위에 있던 사람들의 얼굴에서도 웃음이 사라졌어요. 누가 들어도 그 質問질문은 콜럼버스를 우습게 여기고 하는 질문이라는 것을 알 수 있었거든요. 무례하기 짝이 없는 질문이었지요.

무례하다
예의가 없다.

거꾸로 세우면 되지요 45

콜럼버스는 치밀어 오르는 화anger를 누르고 탁자 위에 있는 달걀egg 한 개를 집어 들었습니다. 그리고 파티장 안에 있는 사람들을 향해 물었어요.

"여러분, 어떤 분이든지 좋습니다. 이 달걀을 탁자 위에 반듯이 세울 수 있는 분 없습니까?"

사람들은 콜럼버스의 말에 好奇心호기심*을 느끼고 모두 식탁 주위로 모여들었습니다.

> **호기심**
> 새롭고 신기한 것을 좋아하는 마음

"그게 뭐 그리 어려울까?"

"어디 내가 한번 해 보리다."

많은 사람들이 콜럼버스의 말을 듣고 앞다투어 달걀을 식탁 위에 세워 보려고 했습니다. 그러나 어림도 없었지요.*

> **어림없다**
> 도저히 될 가망이 없다.

"어? 될 것 같은데 안 되네. 생각만큼 쉽지 않구먼."

"에이, 이건 안 되는 거지. 동그란데 어떻게 세워지겠어? 불가능한 일을 가지고 우릴 골탕 먹이려는 짓이구먼."

사람들이 不平불평*을 시작하자 콜럼버스가 말했습니다.

> **불평**
> 불만이 있어 못마땅함.

"그다지 어려운 일도 아닌데 아무도 못하십니까? 그럼 제가 해 보도록 하지요."

콜럼버스는 달걀을 들더니 달걀 끝을 탁자에 툭툭 쳤습니다.

그러자 달걀 껍데기eggshell가 조금 깨어졌어요. 콜럼버스는 깨진 쪽을 밑으로 가게 해서 세웠습니다. 달걀은 콜럼버스가 세운 대로 반듯하게 서 있었지요.

"자, 세웠습니다. 이렇게 세우는 것은 남이 하고 난 다음에는 쉽습니다easy. 아까 백작님이 한 질문에 대답이 되겠습니까?"

"음, 뭐."

우물쭈물하며 눈길을 피하는 귀족들 사이를 걸어서 콜럼버스는 조용히 자기 의자chair에 앉았습니다.

이때부터 신분이 높은 귀족들도 콜럼버스를 업신여기지 않았다고 합니다.

백작
귀족의 작위를 다섯 등급으로 나눴을 때 셋째 작위. 후작의 아래, 자작의 위이다.

우물쭈물하다
말이나 행동을 흐리멍덩하게 하다.

업신여기다
잘난 척하며 남을 내려다보다.

▲ 콜럼버스

who? 콜럼버스 (1451~1506)

이탈리아의 탐험가예요. 에스파냐 여왕 이사벨의 후원으로 대서양을 서쪽으로 항해하여 쿠바, 자메이카, 도미니카 및 남아메리카와 중앙아메리카에 도착하였지요. 그의 서인도 항로 발견으로 아메리카 대륙은 유럽 사람들의 활동 무대가 되었고, 에스파냐를 중심으로 한 신대륙 식민지 경영도 시작되었어요.

역발상이란 거꾸로 생각해 본다는 뜻이에요. 상식을 깨는 새로운 시각을 말하지요.

보통 사람들이 평범하게 생각하는 것을 완전히 뒤집어서 생각해 보면 우리가 이전에 볼 수 없었던 흥미로운 것들도 많이 보이게 됩니다. 콜럼버스 역시 누구나 하는 생각이 아닌, 남들의 생각과는 다르게 생각을 뒤집어 봄으로써 신대륙까지 발견하게 되었답니다.

:: 펜은 칼보다 강하다. —리턴

who? 리턴 (1803~1873)

영국의 시인·소설가·정치가예요. 케임브리지 대학에서 공부한 뒤 프랑스를 여행하며 견문을 넓혔어요. 대중이 좋아하는 흐름을 예상하여 시대에 맞는 작품을 쓰는 재능 덕분에 유명해졌지요. 리턴의 책들은 오랜 시간이 지난 오늘날에도 널리 읽히고 있는데, 자신의 경험을 바탕으로 썼기 때문에 역사적 흥미를 더해 준답니다. 대표작으로는 〈폼페이 최후의 날〉, 장편 서사시인 〈아서 왕〉 등이 있어요.

너는 크게 성공할 거야

번화하다
번성하고 화려하다.

명성
평판이 좋아 세상에 널리 퍼진 이름

빈민가
가난한 사람들이 모여 사는 거리

세계에서 가장 크고 번화한 도시인 뉴욕New York의 브루클린에 도시의 명성에 걸맞지 않은 學校학교가 하나 있었습니다. 가난하고 問題문제가 있는 사람들이 모여 사는 빈민가에 있는 허름한 학교school였지요. 이 학교에는 말썽꾸러기들이 유난히 많았어요.

꿈과 희망이 쑥쑥 자라는 지혜 이야기

빈민가의 아이들은 대부분 부모님의 따뜻한 보살핌을 받지 못하는 경우가 많았습니다. 그 때문인지 性格성격이 거칠고 사나워 학교에서는 하루도 조용한 날이 없었어요.

　　"아유, 무슨 애들이 말로 하지 않고 툭하면 발로 때리고 차?"

　　"그런 애들은 학교에 보낼 게 아니라 감방으로 보내야 한다니까! 감옥prison에 처박아 두면 소란을 피우지 않을 게 아냐! 그런 녀석들 때문에 얌전한gentle 아이들까지 말썽을 피우고 있단 말이야."

　　몇몇 학부모들이 모여 解決策해결책을 찾아보았지만 아이들은 조금도 나아지지 않았습니다. 오히려 보란 듯이 말썽을 피웠어요.

　　골칫거리 아이들의 대장leader은 로저라는 흑인 남자아이였습니다. 로저는 선생님을 골탕 먹이는 데 앞장을 섰고, 아이들을 괴롭히는 데도 앞장을 섰어요. 뚜렷하게 누가 싫어서 심술을 부리는 것이 아니라 氣分기분이 내키는 대로 나쁜 짓을 하는 것이지요. 아이들은 로저가 무서워서 선생님의 말은 귓등으로 들었습니다.

　　'정말 이러다가 큰일이 나겠구나!'

　　생각다 못해 선생님들이 로저를 교무실로 불렀습니다.

　　"왜요? 뭣 땜에요?"

감방
교도소에서 죄수를 가두어 두는 방

골칫거리
말썽만 피워 애를 먹이는 사람이나 일

귓등으로 듣다
듣고도 들은 체 만 체 하다.

너는 크게 성공할 거야

마땅찮다
흡족하게 마음에 들지 않다.

로저가 몹시 마땅찮다는 듯 눈을 흘기며 교무실 안에 대고 물었습니다. 이젠 선생님들도 로저의 불량스러운 態度태도에 지쳐서 그러려니 하는 마음이었지요.

"로저, 왜 애들을 못살게 구는 거야? 이유reason를 말해 봐."

덩치가 큰 로저는 대답하기도 귀찮다는 듯 느릿느릿 말했어요.

"그냥 기분이 나빠서 그래요."

기가 막히다
어떤 일이 몹시 놀랍거나 어이없다.

기가 막히는 對答대답이었어요.

"네 기분이 나쁘면 아무나 막 때려도 되는 거야?"

"에이 씨, 어쨌든 그 애들이 내 기분을 나쁘게 만든 거잖아요."

로저의 말투나 태도에는 언제나 날카로운 가시가 서 있었습니다. 동네 아이들과 싸움fight을 벌이고, 마음이 내키지 않으면 학교에도 가지 않고, 깡패와 같은 행동을 되풀이하고 있었지요. 미래에 대한 희망도 없고 그저 하루하루 살 뿐이었어요.

"선생님, 로저가 또 발로 걷어찼어요."

골머리
'머릿골(뇌)'를 속되게 이르는 말

"그래? 피가 나는구나. 약부터 발라야겠다. 아이고, 골머리야!"

강 건너 불구경
남의 일인 듯이 무관심하게 보고만 있음.

타일러도 흥, 매를 들어도 흥, 로저에게는 강 건너 불구경이었습니다. 新學期신학기 때마다 선생님들은 로저의 담임이 될까 봐 마음을 졸였지요.

새 학기가 시작되자 많은 선생님들이 이 학교에 새로 왔습니다. 교사로 처음 부임하는 폴 선생님이 로저네 반을 맡게 되었어요. 폴 선생님은 오기 전에 이미 이 학교의 問題點문제점을 다 듣고 있었지만 다른 선생님과 생각이 달랐습니다.

'어찌 로저만 나무랄 수 있겠는가. 말썽꾸러기들이 나쁘다고 야단만 칠 수는 없다. 이곳 사람들의 環境환경을 살펴서 도움을 줘야겠다. 어떻게 도와줘야 할까? 아이들이 건전하고 정상적인 삶life을 살 수 있도록 이끌어 줘야 해. 무슨 일부터 시작할까?'

폴 선생님은 아이들 하나하나에 관심을 쏟았습니다. 볼 때마다 사랑을 表現표현하고 격려하는 일을 게을리하지 않았어요. 그러나 시간이 지나도 아이들은 조금도 달라지지 않았습니다.

'충고advice와 설득이 전혀 효과가 없군. 그렇다면 미래에 대한 행복한 비전을 심어 줘야겠다. 現在현재보다는 미래에 대한 말을 많이 해 줘야겠어.'

비전
꿈. 이상

다음 날 폴 선생님은 수업 시작종이 울리자 로저네 교실에 들어갔습니다. 그러나 수업은 시작하지 않고 아이들에게 말했어요.

"얘들아, 너희들 工夫공부하기 싫지? 나도 예전에 그랬어. 우리 오늘은 공부하지 말고 신 나게 놀자!"

환호성
기뻐서 크게 부르짖는 소리

부족
같은 조상·언어·종교 등을 가진 지역적 생활 공동체. 원시 사회의 단위를 이룸.

주술사
무당 등 주술로써 신과 통한다는 사람

손금
손바닥의 살갗에 줄무늬를 이룬 금

폴 선생님의 말에 교실 안에서 환호성cheer이 터졌습니다.

"와, 신 난다! 재미있는 이야기 좀 해 주세요."

늘 수업 시간이면 졸거나 딴청을 부리는 아이들의 눈이 반짝반짝 빛났습니다.

폴 선생님은 싱글벙글 웃으며 이야기를 始作시작했어요.

"좋아, 이건 선생님이 직접 겪은 신기한 이야기야. 내가 어릴 때 우리 집에서 그리 멀지 않은 곳에 원시 부족들이 사는 마을이 있었단다."

아이들의 눈에 호기심curiosity이 어리기 시작했습니다.

"그 마을에는 얼굴face이 아주 무섭게 생긴 주술사가 있었어. 그 주술사는 손금을 아주 잘 보았지."

"손금요?"

많은 아이들이 선생님의 말에 자기의 두 손hand을 펴서 손바닥을 들여다보았습니다.

"그래. 사람들이 줄을 서서 손금을 보기에 나도 손금을 보러 갔단다. 그 주술사가 내 손금을 척 보더니, 커서 선생님이 될 거라고 하더구나. 그런데 지금 진짜 선생님이 되어 있잖아? 너무나 신기해서 그 주술사에게 손금 보는 법을 배웠단다."

"정말요?"

"손금을 보면 그 사람의 미래를 알 수 있지. 내가 오늘 너희들의 손금을 봐 줄까?"

폴 선생님은 차례로 아이들의 손금을 봐 주기 시작했습니다. 폴은 한 학생의 손을 가만히 들여다보더니 놀랍다는 듯 소리쳤어요.

"큰 기업가의 손금이로구나. 헨리, 너는 크게 成功성공하겠어. 축하한다!"

기업가
기업에 자본을 대고 경영을 담당하는 사람

폴 선생님의 따뜻한 격려의 말에 헨리의 얼굴이 활짝 밝아졌습니다. 그러더니 헨리가 들뜬 목소리로 친구들에게 자랑했어요.

격려
용기가 솟아나도록 몹시 북돋아 줌.

"하하, 내 손금이 기업가의 손금이란다."

그러자 너도나도 선생님 앞에 손바닥을 내밀며 졸랐습니다.

"선생님. 저요, 저요! 저 좀 빨리 봐 주세요."

"그래, 차례차례 다 봐 줄 테니 천천히 하자꾸나."

선생님께 손금을 본 아이들은 하나같이 즐거워하며 흥분을 감추지 못했습니다. 폴 선생님이 아이들에게 해 준 말은 모두 다 긍정적인 말이었거든요. 지저분한 빈민가에서 살면서 미래에 대한 희망을 하나씩 버려야 했던 아이들의 마음에 눈부신 꿈dream을 심어 주기에 충분했지요.

긍정적
바람직하고 희망적인

🍓 **백만장자**
재산이 매우 많은 부자

"톰, 넌 百萬長者백만장자가 되겠네? 많은 재물을 꼭 좋은 일에 쓰려무나!"

이제 맨 마지막으로 最高최고의 말썽쟁이인 흑인 소년 로저의 차례가 되었습니다.

🍓 **긴장**
마음을 조이고 정신을 바짝 차림.

태연한 척해도 로저의 얼굴에는 긴장의 빛이 어려 있었어요. 모든 친구들이 다 행운good luck의 손금을 가졌는데, 자기만 나쁜 예언이 나오면 어쩌나 不安불안해졌던 것이지요.

"어디 보자, 로저. 이래 봬도 난 단 한 번도 틀린 적이 없거든."

🍓 **때에 절다**
더러운 물질이 묻어 때가 끼고 찌들다.

로저는 긴장된 表情표정으로 때에 전 손을 내밀었습니다.

선생님은 유난히 더 오랫동안 long time 꼼꼼하게 로저의 손을 살펴본 후, 자신만만한 표정으로 말했어요.

"우아, 로저! 너는 정말 굉장하구나. 이담에 뉴욕 주지사가 되겠는걸!"

"네?"

주지사
연방 국가에서 한 주(州)의 행정 사무를 총괄하는 우두머리

로저는 눈이 동그래진 채 감격스러운 듯 말없이 선생님을 바라보았습니다. 빛나는 로저의 눈빛 속에 반드시 주지사가 되고야 말겠다는 굳은 覺悟각오가 비쳤어요.

그날 이후, 학교 안에서는 계속 놀라운 일들이 벌어졌습니다. 더 이상 그 학교의 아이들은 패를 지어 싸우거나, 학교에 오는 대신 게임장으로 놀러 가는 일을 하지 않았어요.

패
같이 어울려 다니는 사람의 무리

時間시간이 많이 흐른 후, 폴 선생님이 손금을 봐 주었던 아이들 중 대부분이 큰 성공을 거두었습니다. 그리고 마지막으로 손금을 봤던 문제아 흑인 소년 역시 크게 성공하였지요. 그 소년이 바로 51세에 뉴욕 주의 53대 주지사이자 역사상 最初최초의 흑인 주지사가 된 로저 롤스랍니다.

> **who? 로저 롤스**
>
> 제53대 뉴욕 주지사예요. 최초의 흑인 뉴욕 주지사이기도 하지요. 뉴욕 빈민가 출신의 그가 어떻게 주지사의 자리에 오를 수 있었는지 모두가 궁금해했어요. 취임식 날, 그는 이렇게 말했습니다. "피어 폴 선생님의 칭찬 한마디가 내 운명을 바꾸어 놓았습니다. 비전을 갖는 데는 값이 그리 많이 나가지 않습니다. 선의에서 거짓으로 꾸며 낸 비전일지라도 마찬가지입니다. 하지만 일단 비전을 소유하고 계속 간직하고 있으면 그 가치는 급속히 올라가기 시작합니다. 나는 믿음대로 되리라 믿었고 그대로 되고 싶었습니다. 그 믿음을 단 한 번도 포기한 적이 없습니다."

사람에게 용기를 주고 힘을 북돋아 주는 한마디 말의 힘은 정말 놀랍습니다. 매로 때리고 나무라는 것보다 칭찬을 통해 향상되는 아이들이 훨씬 더 많다고 합니다.

나쁜 환경에서 태어난 아이들은 좋은 환경의 친구들을 보면 이유 없는 분노를 느낀다고 합니다. 친구들에 비해서 자기가 손해를 본다는 생각이 들어 억울하게 느껴지기 때문이지요. 그때 주위에서 누군가가 격려하고 사랑으로 대해 준다면 분노가 누그러들 수 있겠지요.

마음이 긍정적으로 바뀐다면 살아가는 태도도 좋은 방향으로 바뀌게 된답니다. 우리 입에서 나오는 말의 힘을 알고, 사람을 살리고 힘을 주는 말에 인색하지 않기를 바랍니다.

∷ 좋은 친구가 생기기를 기다리는 것보다 스스로가 누군가의 친구가 되었을 때 행복하다. —러셀

who? 러셀 (1872~1970)

영국 철학자·수학자예요. 빅토리아 여왕 시절 총리대신을 지낸 할아버지를 둔 귀족 집안에서 태어나 케임브리지 대학에서 수학과 철학을 배웠지요. 1950년에 노벨 문학상을 받았고, 만년에는 베트남 전쟁 반대 운동과 원자·수소 폭탄 사용 금지 운동에 힘썼답니다.

친구 대신 죽겠어요

시라쿠사
이탈리아 남쪽 끝 시칠리아 섬 동쪽 연안에 있는 도시. 기원전 8세기경 코린트의 식민 도시로 건설되었다.

우정
친구 사이의 돈독한 정

피타고라스학파
기원전 5세기부터 4세기까지, 피타고라스와 그의 철학을 계승하여 활동하였던 학파

오래 전, 이탈리아의 시라쿠사에서 있었던 일입니다. 깊은 友情우정을 약속한 두 친구가 있었습니다. 피타고라스학파에서 함께 공부하는 다이몬과 피디아스라는 젊은이였어요.

"난 아직 工夫공부가 덜 끝났으니 너 먼저 가도 돼. 나는 항상 너보다 늦어."

피디아스가 다이몬에게 말했습니다.

"아니야, 기다릴게."

다이몬은 늘 피디아스를 기다려 주었습니다.

"한참 더 걸릴 것 같은데?"

"괜찮아. 나도 내 공부 하고 있으면 되니까."

"그래, 고마워."

두 사람은 마음이 참 잘 맞았습니다. 그래서 함께 철학을 공부하고, 사회와 人生인생에 관한 이야기를 나누며 시간이 갈수록 깊은 우정을 쌓아 나갔어요.

그 무렵 시라쿠사의 의로운 젊은이들은 폭군 데니스 왕king에 대해 좋지 않은 감정을 가지고 있었습니다.

*폭군: 난폭한 임금

어느 날, 다이몬은 거리street에서 데니스 왕의 행렬이 지나가는 것을 보았습니다. 백성들을 괴롭히는 왕의 行列행렬을 본 다이몬은 분노가 치솟아 멀찍이서 그 행렬을 노려보고 있었지요.

*행렬: 여럿이 줄을 지어 감.

그때 왕의 部下부하가 달려오며 다이몬에게 외쳤습니다.

"이놈, 무례하구나. 감히 고개를 쳐들고 있다니! 너는 어째서 왕께서 지나가는데 고개를 숙이지 않느냐?"

*무례하다: 예의가 없다.

왕의 부하는 다짜고짜 다이몬을 묶어서 끌고 갔습니다.

"사흘 후에 너를 사형에 처하겠다."

*다짜고짜: 앞뒤 상황을 알아보지도 않고 곧바로 들이덤벼서

왕은 성격이 사나워서 자기의 마음에 들지 않으면 재판도 없이 사형을 시키곤 하였습니다. 다이몬 역시 왕의 명령이 떨어지자 꼼짝없이 사흘 후에 죽어야 하는 처지가 되었지요.

옥prison에 갇힌 다이몬은 왕의 부하들에게 간청했습니다.

"내일은 내 여동생이 결혼을 하는 날이다. 父母부모도 없는 처지이니 하나밖에 없는 여동생의 결혼식을 내 손으로 치러 주어야 한다. 그러니 나에게 3일 동안만 餘裕여유를 달라. 꼭 다시 돌아오겠다."

그러나 그 말을 들은 왕의 부하들은 코웃음을 치며 無視무시해 버렸습니다.

"흥, 우리가 그런 꾀에 넘어갈 만큼 어리석게 보이느냐?"

다이몬이 다시 말했습니다.

"좋다. 너희들이 나를 믿을 수 없다면, 나 대신 나의 친구를 맡겨 두고 가겠다. 그러니 허락해 다오."

다이몬의 색다른 간청은 데니스 왕에게까지 올라갔습니다.

"허허, 그것 참 재미있는 제안이군. 일단 허락해 주고 結果결과를 두고 보기로 하라."

다이몬은 왕의 부하들과 함께 친구인 피디아스를 찾아갔어요.

간청하다
간절히 청하다.

여유
물질적·공간적·시간적으로 넉넉하여 남음이 있는 상태

코웃음
비웃듯이 콧소리를 내거나 콧속으로 가볍게 웃는 웃음

색다르다
보통의 것과는 다른 특색이 있다.

제안
어떤 일에 대해 내놓은 계획이나 생각

"피디아스, 내 부탁 좀 들어주게."

다이몬의 事情사정 이야기를 들은 피디아스는 조금도 주저하지 않고 친구 대신 잡혀 있기로 승낙했습니다.

"여보게, 만일 사흘 후에 자네 친구가 돌아오지 않는다면 친구 대신 자네가 處刑처형을 받게 된다는 걸 잊지 말게."

보다 못한 왕의 부하가 피디아스에게 넌지시 말했습니다.

"그런 일은 없을 겁니다. 내 친구는 반드시 돌아올 테니까요."

이렇게 해서 피디아스는 옥에 갇히고 다이몬은 자기 집house을 향해 떠났습니다.

3일 동안 데니스 왕과 그의 부하들은 '과연 다이몬이 되돌아올 것인가?'를 놓고 몹시 궁금해했습니다.

드디어 처형을 받는 날이 되었습니다.

처형은 해sun가 질 무렵에 하게 되므로, 해가 지기 전까지 다이몬이 돌아오지 않는다면 친구인 피디아스가 대신 처형을 받게 되는 것입니다.

시간은 자꾸 흘러, 마침내 해가 서쪽으로 기울기 시작했습니다.

왕의 부하들은 피디아스를 처형하기 위한 準備준비를 하면서 딱하다는 듯이 피디아스에게 말했지요.

친구 대신 죽겠어요

"이 순진한 사람아, 이 世上세상에 자기 목숨을 내놓으려고 제 발로 다시 오는 罪人죄인이 어디 있겠나! 자네 친구는 자네를 속인 거야."

그러나 피디아스는 조금도 흔들리지 않는 자세로 대답했어요.

"내가 約束약속한 것이니 당연히 친구 대신 죽겠소. 하지만 나는 죽는 순간까지 친구를 의심하지 않소. 그 친구가 여기에 오지 않은 것은 결코 비겁해서가 아닐 것이오. 그에겐 틀림없이 그럴 만한 사정이 생겼기 때문임을 나는 굳게 믿소."

친구를 代身대신해서 죽는 죄인 아닌 죄인을 보기 위해 처형장 주위에는 많은 사람들이 모여들었습니다.

데니스 왕도 처형 瞬間순간을 보기 위해 나왔지요.

모든 준비가 끝나고, 이제 막 피디아스가 처형될 순간이었습니다.

갑자기 저 멀리서 소리치며 달려오는 사람이 있었어요.

"안 돼! 멈추시오! 기다려 주시오!"

사람들은 놀라서 그쪽을 바라보았습니다.

금세 숨이 넘어갈 듯한 모습으로 달려오고 있는 사람은 다름 아닌 다이몬이었어요.

"내가 돌아왔소. 어서 내 친구를 풀어 주고 나를 처형하시오. 내가 늦은 것은 오는 길에 홍수를 만나 시내의 다리bridge가 떠내려가는 바람에

강도
폭력 등의 방법을 써서 재물을 빼앗는 도둑

길을 돌아왔기 때문이오. 게다가 길에서 강도를 만나 하마터면 죽을 뻔했소. 하지만 내가 사정 이야기를 하자, 강도도 이 친구를 위해 나를 보내 주었소."

다이몬과 피디아스는 힘차게 껴안았습니다. 그것을 본 사람들은 자기도 모르는 사이에 힘찬 박수를 보냈어요.

'세상에! 죽으려고 저렇듯 숨이 차게 뛰어오다니! 두 사람의 우정friendship이 얼마나 깊기에…….'

그때 폭군 데니스 왕이 두 사람에게 다가와서 떨리는 목소리로 말했습니다.

"내 눈을 믿을 수가 없구나. 그대들의 아름다운beautiful 우정이 부럽도다. 나에게 그대들의 친구가 될 자격을 줄 수는 없겠는가? 앞으로 나도 잘못을 뉘우치고 좋은 政治정치를 펴는 왕이 되도록 하겠다!"

자격
신분이나 지위

두 젊은이의 우정이 폭군을 感動감동시켰던 것입니다.

　이 세상에 진정한 친구가 단 한 사람만 있어도 행복하다고 말할 수 있을 만큼 우정은 귀한 것입니다. 진실한 마음으로 우정을 나눌 수 있는 친구가 있다면 이 세상을 살아가면서 절대 외롭지 않을 거예요.

　환경에 따라서 마음이 변한다면 진정한 우정이 아니에요. 진정한 친구는 환경이 어떻게 변하든지 마음이 변하지 않고 서로 돕고 힘을 줍니다.

　내가 옳은 일을 할 때면 아낌없이 칭찬하고, 내가 옳지 않은 일을 할 때면 충고하고 돌이킬 수 있도록 해 주는 친구가 진정한 친구이지요. 그리고 그런 친구를 얻기 위해서는 내 자신이 먼저 좋은 친구가 되어 주어야 해요.

　내가 친구에게서 받는 것보다 더 많은 것을 주려는 마음가짐으로 대한다면 좋은 친구를 얻는 것은 물론, 오래오래 우정을 나눌 수 있을 것입니다.

:: 낙관주의자는 장미에서 가시가 아니라 꽃을 보고, 비관주의자는 꽃을 망각하고 가시만 쳐다본다.
―지브란

who? 지브란 (1883~1931)

유럽과 미국에서 활동한 레바논의 대표 작가예요. 현대의 성서라고 불리는 영어 산문시집 〈예언자〉와 아랍 어로 쓴 소설 〈상한 날개〉 등의 작품으로 유명하지요. 예술 활동에만 전념하며 인류의 평화와 화합, 레바논의 종교적 단합을 호소하다가 48세의 나이로 세상을 떠났어요.

어차피 걸레질을 할 바에야

🍄 **국무 장관**
미국의 국무성 장관

🍄 **미국 합동참모본부**
미국 정부에 조언, 권고를 하는 미국군 지휘관 그룹

🍄 **의장**
회의를 주재하고 그 회의의 집행부를 대표하는 사람

🍄 **제조**
공장에서 큰 규모로 물건을 만듦.

 미국의 국무 장관을 지낸 콜린 파월은 뉴욕 빈민가 출신의 흑인입니다. 그러나 그는 黑人흑인 최초로 미국 합동참모본부 의장이 되었고, 마침내 국무 장관의 자리에까지 오른 전설적인 사람입니다.

17살이던 여름 방학vacation 때, 그는 음료수 제조 공장에 아르바이트를 갔습니다. 운이 나쁘게도 일감을 나누어 주는 감독관은

인종 차별이 극심한 사람이었어요. 백인들에게는 쉬운 일감을 주고 흑인인 파월에게는 걸레질하는 고된 작업을 할당해 주었지요. 그때에 파월은 감독관에게 다음과 같이 不平불평하고 따질 수도 있었습니다.

"똑같은 학교school에서 왔는데 왜 이렇게 차별을 합니까? 내 친구들은 편하게 앉아서 병에 음료수를 채우는 일을 하는데 왜 나는 힘들게 걸레질을 해야 합니까? 왜 나만 허드렛일을 하는 사람으로 씁니까?"

하지만, 그는 불평 한마디 하지 않고 오히려 하느님께 感謝감사의 기도를 드렸습니다. 꿈을 이루어 가는 과정이라고 생각하니 현재 겪는 어려움도 넉넉한 마음으로 받아들일 수 있는 여유가 생겨났습니다.

'하느님, 저에게 건강health을 주셔서 걸레질할 수 있는 힘을 주신 것을 감사합니다. 어차피 일을 할 바에야 최고로 걸레질을 잘하는 사람이 되게 해 주시옵소서.'

이렇게 생각한 파월은 밝은 表情표정으로 활기차게 일을 했습니다. 공장 전체를 아주 반들거릴 만큼 열심히 닦아서 티끌과 먼지가 없도록 만들었지요.

'공장factory이 쾌적한 환경이 되도록 만드는 것이 내 임무다. 지금 주어진 일에 최선을 다하자.'

시간이 지날수록 공장 안은 눈에 띄게 말끔해졌습니다.

어느덧 방학이 끝나고 아르바이트하는 학생들이 학교로 돌아갈 때가 되었습니다. 그런데 감독관이 파월을 부르더니 말했어요.

"파월, 너는 정말 일을 잘하는구나. 보기 드물게 誠實성실하구나. 내년에도 또 일하러 오너라."

"네, 감사합니다."

파월은 하느님께 다시 감사의 기도prayer를 드렸습니다.

'저에게 걸레질할 수 있는 機會기회를 주신 것을 감사합니다. 이만한 일을 주신 것도 너무나 감사합니다.'

　다음 해 방학 때 파월이 다시 그곳으로 아르바이트를 가자, 감독관은 파월을 불러 걸레질 대신 음료수를 채우는 기계 앞에 앉게 했습니다. 그다음 해에는 부감독으로 승진*시켜 주었고요.

🍄 승진
지위가 오름.

　감사가 파월의 마음 그릇을 크게 넓혀 준 것입니다. 주어진 여건을 힘껏 섬길 때, 흑인이라고 差別차별 대우하는 곳에서도 주목을 받게 되었습니다. 감사가 차별의 장벽을 다 걷어 내 버리고 그를 인정받게 하고 높은high 자리에 앉도록 만들어 준 것이지요.

who? 콜린 파월 (1937~　　　)
미국의 군인·정치가예요. 1989년 흑인 최초로 미국 합동참모본부 의장이 되어 걸프전을 승리로 이끌면서 국민적 인기를 얻게 되었어요. 2001년에는 흑인 최초로 미국 국무 장관이 되었지요. 온건하고 명예를 존중하며 어느 당에도 치우치지 않아, 아이젠하워 이후로 가장 존경받는 군인으로 평가된답니다. 군사력 사용은 외교적으로 최대한 노력을 기울인 다음 최후에 선택해야 한다는 전쟁 신중론을 편 것으로 유명해요.

긍정적인 생각이 긍정적인 결과를 불러온다는 것을 여러분은 아마 귀에 못이 박히도록 들었을 거예요. 정말 맞는 말이거든요.

조금 마음을 넓게 쓰면 힘든 환경도 밝은 마음으로 받아들일 수 있어요. 어려운 환경을 이겨 내고 성공한 사람들은 대부분 밝은 성격을 가지고 있지요.

"에이, 좀 힘들어도 꾹 참으면 반드시 좋은 날이 올 거야."
이런 마음은 자기 자신을 믿는 자신감에서 나오게 됩니다.
"난 잘해 낼 수 있어. 난 나를 믿으니까."
이런 마음이 중요합니다.

남보다 좋지 않은 환경일 수도 있고, 여건이 나쁠 수도 있어요. 그러나 긍정적인 마음으로 어려움을 헤쳐 나갈 때 그 무엇도 막을 수 없는 인생의 행운과 성공이 기다리고 있다는 것을 잊지 마세요.

성냥개비 퍼즐

1. 성냥개비 8개로 정사각형을 만들었습니다.
   여기에 성냥개비 3개를 더해 똑같은 크기 2개로 나누세요.

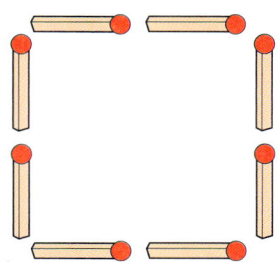

2. 성냥개비 24개로 정사각형을 여러 개 만들었습니다.
   아래 그림에서 성냥개비 8개를 들어내어 정사각형을 2개로 줄이세요.

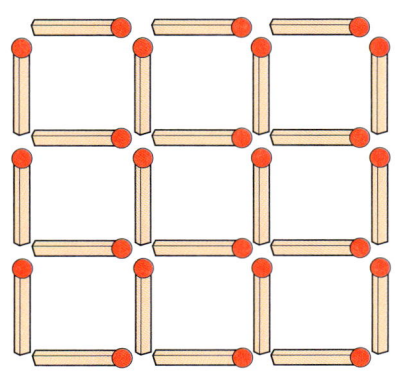

※정답은 182쪽에 있습니다.

:: 나라가 있어야 가문도 있다.
— 최진립

최진립 (1568~1636)

조선 중기 무신이에요. 임진왜란 때 동생과 함께 의병을 일으키고, 정유재란 때 결사대를 이끌어 왜군을 물리치는 등 큰 공을 세웠지요. 전쟁이 끝난 후에는 오위도총부 도사, 공조 참판, 삼도 수군통제사 등의 관직을 지냈어요. 경주 최씨 가문의 정신적 기둥 같은 분입니다. 병자호란을 맞아 청나라 군과 싸우다 전사하였습니다.

전쟁터로 나가는 데 69세가 문제인가!

명가
이름난 집안

증조할아버지
할아버지의 아버지

왜인
일본 사람

임진왜란
조선 선조 25년(1592년)부터 31년(1598년)까지 2차에 걸쳐서 우리나라를 침입한 일본과의 싸움

　　최진립은 조선 시대의 명가인 최씨 家門가문을 일으킨 최국선의 증조할아버지입니다.

　　1592년, 선조 임금 때에 우리나라에 큰 재앙이 일어났습니다. 바다sea 건너 日本일본에서 왜인들이 쳐들어와 임진왜란이 일어났거든요.

74　꿈과 희망이 쑥쑥 자라는 지혜 이야기

그때 최진립의 나이age는 스물다섯 살이었습니다.

"큰일이다! 왜군이 쳐들어온다! 왜군 2만여 명이 경주로 몰려오고 있다!"

최진립의 집은 울주에서 경주로 들어오는 길목에 있었습니다. 혈기 왕성한 진립은 손을 놓고 앉아 있을 수만은 없었어요. 많은 병서를 읽은 진립은 싸움fight에 임하는 방법을 어느 정도 알고 있었습니다.

혈기 왕성하다
기세가 한창 성하다.

병서
병법(군대를 지휘하여 전쟁하는 방법)에 대하여 쓴 책

"이제 곧 놈들이 올 것이다. 어서 빨리 뒷산으로 올라가 숨어 있거라."

家族가족들과 하인들이 뒷산으로 피한 것을 확인한 다음, 최진립은 몇 명 남은 하인들에게 지시를 내렸습니다.

지시
일러서 시킴.

"집 뒤쪽에 있는 땔나무를 마당yard 가운데로 옮기도록 해라."

하인들은 서둘러서 땔감을 마당 한가운데로 옮겨 놓은 다음에 몸을 피했어요.

왜군들이 최진립의 집에 到着도착했을 때에는 집 안이 텅 비어 있었습니다.

"우하하, 집 안에 개미ant 새끼 한 마리 보이지 않는뎁쇼!"

왜군 대장은 잘됐다 싶어 병사들에게 命令명령했습니다.

"배가 고프구나hungry. 어서 밥을 짓도록 해라."

왜군 100여 명은 최진립의 집을 차지하고 저녁dinner을 지어 먹었습니다. 무거운 무기를 짊어진 채 행군한 왜군들은 따뜻한 밥이 들어가자 몰려오는 졸음을 참을 수가 없었어요.

"내일 또 행군해야 하니 보초 몇 명만 남기고 자도록 해라."

대장의 말이 떨어지기 무섭게 왜군들은 잠에 곯아떨어졌어요.

집주인인 최진립은 집 앞 덤불 속에 몸을 숨긴 채 두 눈을 크게 뜨고 집 안의 움직임을 지켜보고 있었습니다.

'오늘은 바람wind이 아주 많구나. 바람의 方向방향을 잘 이용하면 성공하겠어.'

최진립은 하인들을 마을 곳곳에 숨어 있게 한 후에 바람의 방향에 따라 땔나무에 불fire을 질렀습니다. 집을 비우고 피할 때 이미 왜군과 어떻게 싸울 것인가를 생각해 두었던 것이지요.

행군하다
군대를 거느리고 먼 거리를 이동하다.

곯아떨어지다
몹시 피곤하여 정신을 잃고 자다.

바람이 강하게 부니 불로 공격을 하려고 마음먹은 것입니다.

그의 생각은 딱 맞아떨어졌습니다. 나무에 불을 붙이자마자,

'파파파, 팟…!'

하고 불꽃이 솟구치더니, 불어오는 바람에 금세 四方사방에서 무서운 기세로 불길이 솟구치기 시작했습니다.

"으악! 이게 웬 불바다냐!"

깊이 잠들었던 왜군들은 거의 다 불에 타 죽고 말았습니다. 겨우 불길을 피해 大門대문 밖으로 도망쳐 나온 적들도 미리 숨어서 기다리고 있던 하인들의 손에 죽음을 당했지요.

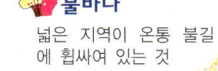
불바다
넓은 지역이 온통 불길에 휩싸여 있는 것

왜군이 도망치는 것을 確認확인한 후에 최진립은 집 안으로 들어갔습니다. 산 위에 올라가 있던 하인들도 다 돌아와서 힘을 합해 불을 껐지요.

"이 武器무기는 어디다 둘까요?"

조총, 창, 칼 등 죽은 왜군들의 무기가 생각보다도 많았습니다.

"다 잘 거두어라. 내일 관가에 가져다 바쳐야겠다."

다음 날 최진립은 모든 무기를 관가에 바쳤습니다. 이때부터 최진립은 戰術전술이 뛰어난 사람으로 널리 이름name을 떨치게 되었습니다.

"지혜wisdom 하나로 조총을 가진 왜군들을 무찌르다니, 참 대단한 사람이야."

사람들은 하나같이 최진립을 칭찬했습니다.

그러나 시간이 흐를수록 나라 안의 事情사정은 더욱 나빠졌어요. 얼마 후, 더 많은 軍士군사를 이끌고 온 왜군에게 경주성은 그만 함락당하고 말았습니다.

'이대로 가만히 앉아만 있을 수는 없다. 나라를 위해 나가서 싸워야지!'

최진립은 동생과 함께 이름 없는 병사로 싸움에 나갔습니다.

조총
노끈에 불을 붙여 터지게 만든 구식 총

관가
벼슬아치들이 나랏일을 보던 집

전술
전투 상황에 대처하기 위한 기술

함락당하다
적의 공격을 받아 성, 요새 등이 무너지다.

"나라 없는 百姓백성이 어디 있겠는가. 모두 힘을 합해 왜군을 물리치자!"

8월이 되자, 당시 경주 부윤이었던 박진은 경주성을 되찾기 위해 공격attack을 시작했습니다.

"공격하라! 왜군을 몰아내고 우리 땅을 되찾자!"

그러자 곳곳에서 젊은이들이 모여들었습니다.

"비록 나이는 많지만 나라를 위해 이 한 몸 바치리다!"

머리가 하얀 老人노인들까지도 힘을 보태려고 의병대로 찾아왔어요. 한 명 두 명 모인 의병의 수가 얼마 안 가서 수천 명이 되었습니다.

의병대 외적의 침입을 막기 위해 백성들이 자발적으로 모여 조직한 군대

"좋소. 이 정도 병력이면 경주성을 탈환할 수 있소! 자, 우리 땅을 되찾으러 갑시다."

병력 군대의 인원

탈환하다 빼앗겼던 것을 되찾다.

결국 나라를 사랑하는 마음으로 굳게 뭉친 의병대는 경주성을 다시 되찾는 데 成功성공했습니다.

"만세! 만세!"

의병들은 서로 얼싸안고 승리victory를 기뻐했습니다.

그러나 기쁨은 오래가지 않았습니다. 정유년인 1597년에 다시 왜군이 쳐들어왔기 때문이지요.

'평화롭게 사는 우리 民族민족을 왜 이렇게 괴롭힌단 말인가! 왜? 무엇 때문에?'

최진립은 끓어오르는 분노를 삼키며 다시 전쟁터로 나갔어요.

'머리를 써서 왜군을 유인할 作戰작전을 짜야겠다. 우리 군사는 겨우 수백 명밖에 안 되니, 적은 수로 수천의 왜군에 맞서 싸우려면 꾀wit가 필요하다.'

최진립은 군사soldier들에게 지시하여 왜군이 지나갈 길목에 깊은 굴을 파게 했습니다.

"너희는 왜군 앞에 나가 적을 토굴 쪽으로 유인하도록 해라. 전술을 눈치채지 못하게 우왕좌왕하는 척해야 한다."

"네, 銘心명심하겠습니다."

최진립의 계략대로 왜군은 도망치는escape 우리 군사를 쫓아서 토굴까지 따라왔습니다.

"으악!"

왜군들이 토굴에 빠져 허우적댈 때, 미리 숨어서 기다리고 있던 우리 군사가 공격을 시작했습니다start

최진립은 싸울 때마다 크고 작은 전술을 짜내어 승리를 이끌었습니다.

유인하다
흥미를 일으켜 남을 꾀어내다.

토굴
땅을 파서 굴처럼 만든 큰 구덩이

계략
어떤 일을 이루기 위한 꾀나 수단

전쟁이 끝난 뒤 관직에 오른 최진립의 벼슬은 계속 높아졌습니다. 그러나 벼슬이 높아지자 권력 싸움의 틈바구니에서 모함을 당해 귀양을 가게 되었어요. 진립은 아무리 자기 혼자서 心志심지를 지키며 오직 한마음으로 나라에 忠誠충성을 쏟아도 逆賊역적으로 몰릴 수 있다는 뼈아픈 사실을 깨닫게 되었지요.

'관직에 있다는 것은 위험한dangerous 일이다. 원하지 않아도 항상 대립되는 파벌과 함께 있어야 한다. 언제 누구의 모함을 받고 쫓겨날지 알 수가 없다. 더구나 나라가 안정되지 않은 위기 때에는 더욱더 간신들이 날뛰지 않는가. 사람이 무섭구나. 자기들의 이익을 위해 없는 죄도 만들어 덮어씌우는 벼슬아치들이 무섭구나.'

최진립은 國家국가의 녹을 먹는 관리들 중에는 자기 이익만을 위해 정치적 술수를 마다하지 않는 교활한 사람들도 있다는 사실을 알게 되었습니다.

인조반정이 일어나 광해군이 물러나고 政權정권이 바뀌자, 최진립도 귀양살이에서 풀려났습니다. 그리고 외관직의 정7품인 가덕첨사가 되었고, 3년 후에는 다시 경흥부사로 임명되어 북방을 지키게 되었어요. 그 후에도 공조 참판 등을 지냈습니다.

관직 관리가 국가로부터 위임 받은 직무나 직책

심지 마음에 품은 의지

역적 자기 나라나 임금에 반역하는 신하

파벌 이해관계에 따라 갈라진 사람의 집단

간신 간사한 신하

녹 벼슬아치에게 일 년 또는 계절 단위로 나누어 주던 봉급

인조반정 조선 광해군 15년에 서인(西人) 일파가 광해군과 대북(大北)파를 몰아내고 능양군인 인조를 즉위시킨 정변

정권 정치를 행하는 권력

북방 북쪽 지방

병자호란
조선 인조 14년(1636년)에 청나라 태종이 20만 대군을 거느리고 침입한 난리

연세
나이의 높임말

최전선
적과 맞서 싸우는 맨 앞의 전선

순국하다
나라를 위하여 목숨을 바치다.

그런데 1636년에 청나라가 쳐들어와 병자호란이 일어났습니다.

"전쟁터battlefield로 나가겠다. 준비를 좀 해 다오."

"안 됩니다. 年歲연세를 생각하셔야지요."

"허허, 내 나이가 예순아홉이라서?"

최진립은 당장 길을 나섰습니다.

"내 비록 나이가 예순아홉으로 많으나, 나라를 위하는 마음에 어찌 젊고 늙음이 있겠는가. 最前線최전선으로 나가 내 몸으로 적을 막으리라!"

오직 나라를 사랑하는 충성심으로 전쟁터로 나간 최진립은 최전선에서 적군과 싸우던 중에 순국하였습니다.

최진립의 후손들은 이렇듯 훌륭한 조상의 삶을 본받아, 칭송받는 부잣집으로 유명한 '경주 최 부잣집'을 일궜답니다.

콕콕 point

　요즘은 민족주의나 애국이라는 말보다 인류주의라는 말을 더 좋아한다고 해요. 전 세계가 하나이고 온 인류가 하나라는 것이지요. 그래서 선조들이 목숨을 걸고 나라를 지킨 그 고귀한 뜻을 잘 모르는 것 같아요. 나보다는 국가의 안전을 더 생각했던 선조들이 있었기 때문에, 북쪽 오랑캐나 일본의 그 무서운 창칼 아래서 우리나라를 지킬 수 있었답니다.

　이 세상에 목숨이 아깝지 않은 사람이 어디 있겠어요? 그러나 나라를 위해 자기의 목숨을 아낌없이 바친 애국자들 덕분에 오늘날 G20에 속한 선진국으로서의 영광스러운 대한민국과 우리가 있다는 것을 꼭 기억했으면 좋겠습니다.

:: 노력은 항상 어떤 이익을 가져온다. 성공 못하는 자들에게는 게으름의 문제가 있다.

—카뮈

who? 카뮈 (1913~1960)
프랑스의 문학가예요. 1942년 소설 〈이방인〉을 발표하며 문단의 사랑을 한 몸에 받았지요. 이후 평론 〈시시포스의 신화〉, 희곡 〈칼리굴라〉 등의 작품으로 부조리한 인간과 사상에 대해 이야기하였어요. 1957년 44세의 젊은 나이로 노벨 문학상을 수상하였으나, 그 후 3년이 채 안 되어 교통사고로 사망하였습니다.

10분 더 빨리!

대통령
외국에 대하여 국가를 대표하는 국가의 원수

오하이오 주
미국 동북부, 이리 호 남쪽 기슭에 있는 주. 농업이 성하다.

학비
학업을 닦는 데 드는 돈

가필드는 미국의 제20대 대통령 president입니다. 오하이오 주에서 태어난 그는 어린 시절 집안이 너무 가난했어요. 학비를 마련할 길이 없어서 學校학교에 다닐 수가 없었지요.

'집안 형편이 어려우니 어쩔 수 없어. 집안일을 열심히 도우며 기다려야지.'

가필드는 학교에 다니지 못하는 것을 不平불평하지 않고 집안 일을 도왔습니다.

그러나 배우지 못하고 자꾸 시간time만 흘러가자 가필드의 마음속에서 조바심이 일어나기 시작했습니다.

'그래, 배움에는 때가 있는데 이때를 놓치면 안 돼. 어려운 집안에 기대지 말고 내 힘으로 學費학비를 벌어야겠어.'

그러나 어린 가필드가 일할 만한 곳은 어디에도 없었어요. 여러 가지 일자리를 알아보았으나 다 거절당하자 점점 失望실망이 커져 갔습니다.

그러던 중 하루는 큰 농장farm 옆을 지나가게 되었어요. 농장 안에서는 많은 사람들이 오가며 바쁘게 움직이고 있었습니다.

'아, 저렇게 큰 농장이라면 분명히 내가 할 일도 있을 거야.'

가필드는 옷을 단정하게 차려입고 한 농장을 찾아갔습니다.

"무슨 일로 왔느냐?"

사람 좋아 보이는 농장 主人주인이 가필드에게 물었습니다.

"여기는 일손이 많이 必要필요하지요?"

일손
일을 하는 사람

"그럼. 언제나 일손이 모자라 발을 동동거린단다."

농장 주인의 말에 가필드의 얼굴이 활짝 펴졌습니다.

"아저씨, 그럼 저도 일할 수 있겠네요?"

"뭐야? 네가? 하하하."

농장 주인은 가필드를 쳐다보며 너털웃음을 터뜨렸습니다.

"저는 정말 부지런하거든요. 그리고 誠實성실하고요. 꾀도 부리지 않아요. 열심히 일할게요."

"애야, 농장을 좀 둘러보아라. 어디에 너만 한 어린애가 있느냐? 여긴 壯丁장정이 필요하단다. 저렇게 힘든 일을 너 같은 애가 할 수 있겠느냐? 좀 더 자라서 오면 그땐 꼭 널 써 주마."

너털웃음
크게 소리를 내어 시원하게 웃는 웃음

장정
나이가 젊고 기운이 좋은 남자

가필드의 씩씩함이 마음에 든 농장 주인은 친절하게 타일렀습니다. 하지만 가필드는 물러서지 않았어요.

"그럼, 제가 장정만큼 일할게요. 잘할 수 있어요."

"허, 녀석도 참……. 고집도 어지간하구나. 그럼 어디 한번 일해 보거라. 힘에 부치면 언제든지 그만두어도 좋다."

가필드의 굳센 意志의지에 감탄한 농장 주인이 어린 소년boy을 농장 일꾼으로 써 주었지요.

농장 일을 시작한 첫날, 가필드가 주인을 찾아와서 말했어요.

"저, 초candle 한 자루만 주십시오."

"초를? 어디에 쓰려고?"

"낮에는 일하느라고 시간이 없으니 밤에 공부하려고요."

열심히 공부하는 가필드의 實力실력은 나날이* 늘어 갔습니다.

마침내 가필드는 윌리엄스 대학에 입학하였습니다. 동급생 중에는 수학 성적이 매우 뛰어난 학생student이 있었어요. 가필드는 그를 따라잡기 위해 열심히 공부했지만 아무리 노력해도 따라잡을 수가 없었어요.

어느 날 밤, 가필드는 공부를 마치고 잠자리에 들었는데 수학 성적을 생각하자 잠sleep이 저만큼 달아나 버렸습니다. 가필드는 벌떡 일어나 그 학생의 방room 앞에 가 보았어요. 놀랍게도 그 학생의 방은 아직 불light이 환하게 켜져 있었지요. 그리고 10분쯤 후에 방의 불이 꺼졌습니다.

그때 문득 가필드는 깨달았습니다.

'아, 그래! 바로 이 10분이야!'

그날부터 가필드는 그 학생보다 10분 일찍 일어나고 10분 늦게 잠자리에 들었습니다. 또한 수업 시간보다 10분 일찍 들어가서 예습하였지요. 그렇게 노력한 結果결과 가필드는 전체 수석을 차지할 수 있었습니다.

"저는 머리가 뛰어난 사람이 아닙니다. 다만 10분을 利用이용하는 것, 이것이 모든 일에 성공을 가져오는 비결입니다."

영광스러운 대통령 취임식에서 가필드는 이렇게 고백했습니다.

예습하다
앞으로 배울 것을 미리 익히다.

수석
맨 윗자리

비결
세상에 알려지지 않은 자기만의 좋은 방법

취임식
맡은 임무에 처음으로 나아갈 때 관계자들을 모아 놓고 하는 의식

who? 가필드 (1831~1881)

미국의 제20대 대통령이에요. 어린 시절, 가필드는 고생을 많이 했어요. 돌아가신 아버지 대신 고된 들일을 맡아봐야 했거든요. 작은 배의 선원으로 일할 때에는 14번이나 물에 빠졌지요. 뒤늦게 다시 공부를 시작하여 갖은 노력 끝에 성공을 이루었지만, 1881년 대통령으로 취임한 지 불과 4개월 만에 암살당한 비운의 인물이기도 합니다.

콕콕point

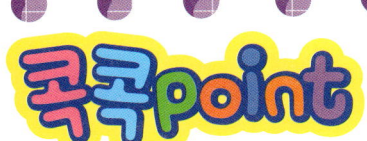

노력을 이기는 장사는 없습니다. 그래서 꾸준히 노력하는 것이 중요하지요.

위대한 사람들의 삶을 살펴보면 평탄한 환경에서 성공한 사람은 별로 없습니다. 남보다 더 노력하고 땀을 흘린 결과가 성공을 이끌어 온 것입니다.

환경을 탓하기 시작하면 점점 더 풀이 죽게 되고 소극적으로 변해 가지요. 무기력해진 마음으로는 환경을 극복할 수 없어요. 힘차게 박차고 일어나서 "나는 이겨 낼 수 있다!"라고 외쳐 보세요. "나는 더 노력할 수 있다!" 이 마음이 가장 중요하답니다.

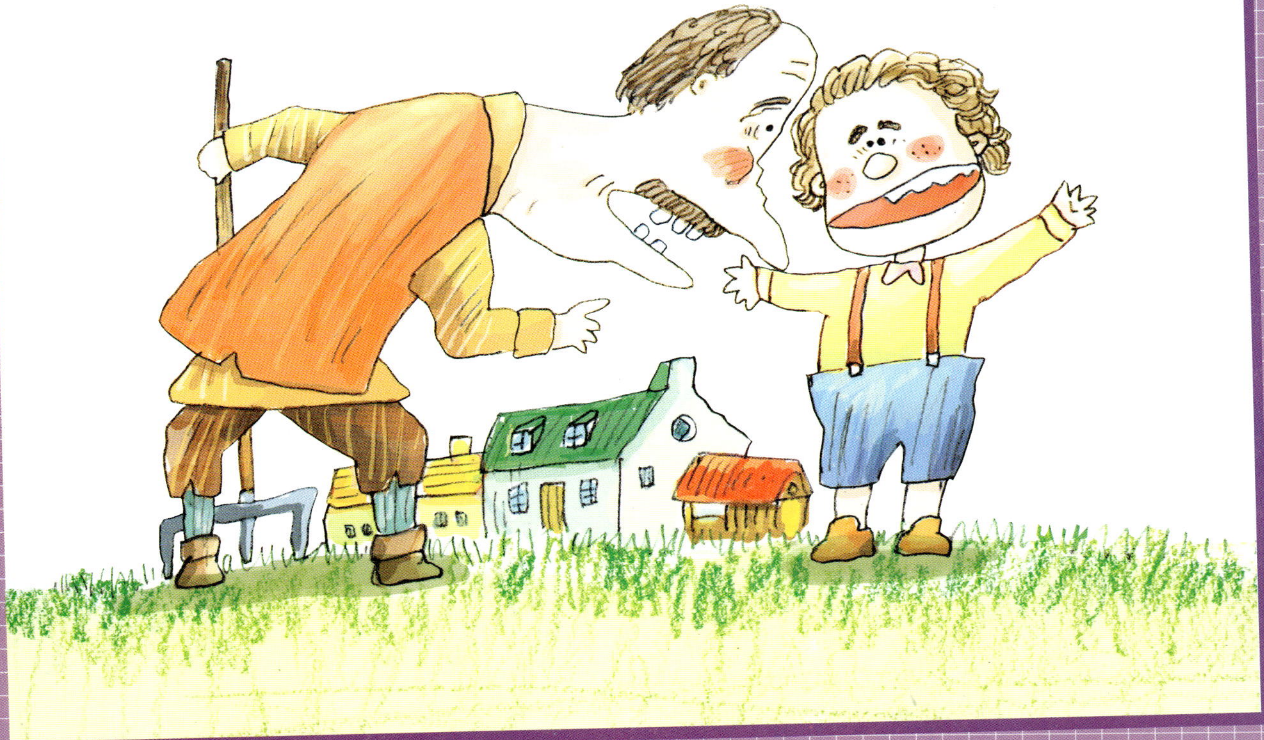

:: 천재는 1%의 영감과 99%의 노력으로 만들어진다. —에디슨

 **에디슨 (1847~1931)**

미국의 발명가예요. 무려 1,300건이 넘는 특허를 얻어 발명왕이라 불리지요. 스물한 살 때 만든 '전기식 투표 기록기'를 시작으로 '축음기', '전기 모터', '백열전등', '영화 촬영 기계', '축전지' 등 그의 발명품은 우리의 생활을 보다 편리하게 만들어 주었답니다. 발명하는 일은 늘 어려웠고 수없는 실패가 이어졌습니다. 귀가 잘 들리지 않아 고통스러울 때도 그는 포기하지 않고 연구에 더욱 힘썼다고 해요.

실패란 없어.
안 되는 경우를 알아낸 것뿐!

"엄마mom, 왜 개울물은 쉬지 않고 흐르지요?"
"엄마 엄마, 왜 암탉hen은 새끼를 낳지 않고 알을 낳아요?"
미국의 오하이오주에서 태어난 에디슨은 어려서부터 남달리 호기심curiosity이 많았습니다. 어린 에디슨의 눈에는 이 세상 모든 것들이 신기하게만 보였거든요.

"왜 암탉이나 오리는 알을 낳아요?
개dog는 강아지를 낳잖아요, 네?"

에디슨은 늘 엉뚱한 質問질문 폭포를 퍼부어서 어른들을 당황하게 만들었습니다.

일곱 살 때 初等學校초등학교에 들어갔지만 에디슨은 학교에서 친구들을 사귈 수 없었어요. 친구들이 에디슨과 놀아 주지 않았기 때문이지요.

"넌 멍청하기 때문에 너랑 놀면 바보fool가 된대. 꼴찌랑 놀면 안 된대."

끊임없이 질문을 해 대는 에디슨은 선생님들에게도 한없이 귀찮은 존재였습니다. 入學입학한 지 석 달쯤 되는 어느 날, 참다못한 선생님은 에디슨에게 이렇게 호통을 쳤어요.

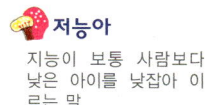
저능아
지능이 보통 사람보다 낮은 아이를 낮잡아 이르는 말

"돌머리, 에디슨! 이 저능아야, 말 좀 해 보라고! 대체 네 머릿속에 뭐가 들었니?"

이 말을 듣자 에디슨은 더 이상 참고 있을 수가 없었습니다. 눈물이 왈칵 솟구치면서 울음crying이 터져 나왔어요.

그 길로 敎室교실을 뛰쳐나온 에디슨은 뛰어서 집으로 돌아왔습니다. 너무나 마음이 아프고 분해서 견딜 수가 없었지요.

"무슨 일이니? 왜 울어?"

에디슨은 울면서 학교school에서 있었던 일을 어머니에게 이야기했습니다.

아들의 말이 끝나자마자 어머니는 아들son을 따뜻이 품에 안아 주며 말했어요.

"좋아. 학교에 그만 다녀도 돼. 선생님 대신 엄마랑 같이 공부하자꾸나."

에디슨의 호기심을 理解이해한 어머니는 아들이 엉뚱한 질문을 할 때도 자상하게 대답해 주었습니다. 어머니는 인내심을 가지고 에디슨을 가르쳤어요.

에디슨은 돈을 벌기 위해 기차train 안에서 물건을 팔았습니다. 시간을 아끼려고 기차 안에 實驗室실험실도 만들었지요.

꿈과 희망이 쑥쑥 자라는 지혜 이야기

그러나 실험실에서 불이 나는 바람에 큰 소동이 벌어지고 말았어요.

"이런 못된 녀석이 있나! 기차 안에 실험실을 만들다니……. 승객들 안전은 생각도 안해? 엉?"

에디슨은 노발대발한 차장에게 얼굴이 퉁퉁 부어오르도록 맞았습니다. 그때 맞아서 생긴 청각 장애로 에디슨은 平生평생 고통을 받아야 했어요.

에디슨이 백열등의 필라멘트를 발명invention 중일 때였습니다. 하루는 조수가 조심스러워하며 에디슨에게 말했어요.

"선생님, 필라멘트를 발명하려고 벌써 90가지의 재료로 실험을 해 보았지만 모두 失敗실패했습니다. 아무래도 필라멘트를 발명하는 건 불가능한 일인 것 같아요. 그만 포기하는 것이 어떻겠습니까?"

그러자 에디슨은 고개를 흔들며 말했습니다.

"어허, 자네는 그것을 왜 실패로 생각하나? 우리들은 실패한 것이 아니고, 안 되는 재료가 무엇인가를 90가지나 알아낸 것이야. 아주 成功的성공적인 실험이었네."

"네?"

- 소동: 여러 사람이 놀라거나 흥분하여 시끄럽게 떠들어 댐.
- 노발대발하다: 몹시 성내며 펄펄 뛰다.
- 청각 장애: 소리를 느끼는 신체 기관이 제 기능을 하지 못하는 상태
- 백열등: 흰빛을 내는 가스등이나 전등 등을 이르는 말
- 필라멘트: 백열전구나 진공관 속에 넣는, 금속처럼 가는 선

실패란 없어. 안 되는 경우를 알아낸 것뿐!

이러한 끈기로 에디슨이 실험하고 버린 쓰레기 더미가 무려 2층 건물building의 높이만큼이나 되었어요. 그리고 마침내 2,399번의 실패를 거쳐 2,400번 만에 전류를 통해도 타지 않고 빛light을 내는 필라멘트를 만드는 데 성공했습니다.

　　"천재는 1퍼센트의 영감과 99퍼센트의 努力노력으로 만들어지는 것입니다."

　　發明王발명왕 에디슨의 이 말은 혼자서 평생 피땀을 흘리며* 노력했던 자신의 삶에 대한 진실한 고백이었습니다.

피땀을 흘리다
몹시 힘들게 온 힘을 다하여 일하다.

▲ 에디슨

오늘날 우리가 누리는 이 밝은 세상은 에디슨의 전구 발명에서 비롯된 거예요. 실패는 성공을 위한 기회이고, 사물에 대한 호기심은 창의력의 바탕이 되지요. 관심을 가지고 보면 새로운 것도 보입니다.

천재는 타고나는 것이 아니라 피눈물 나는 노력의 열매라는 것을 알아야 해요. 그러므로 재능이 없고, 머리가 나쁘다고 불평할 것이 아니라 노력이 부족했다는 것을 반성해야 해요.

좀 더 노력하고 꾸준히 노력한다면 보다 더 나은 실력 향상을 기대할 수 있어요. 다른 사람들의 눈을 두려워하지 말고 늘 최선을 다해야겠습니다.

수수께끼

1. 들어가는 곳은 하나인데, 나오는 곳은 둘인 것은?

2. 먹으면 먹을수록 가벼워지는 것은?

3. 더울수록 몸이 작아지는 것은?

4. 집은 집인데, 기웃거리면 혼나는 집은?

5. 여자와 아이의 얼굴에는 없는데 남자의 얼굴에만 있는 것은?

6. 공기는 공기인데, 숨을 쉴 수 없는 공기는?

※정답은 182쪽에 있습니다.

초등학생에게 꼭 필요한 22가지 명언 동화

사랑과 용기가 가득한 슬기 이야기

:: 용서는 최고의 복수이다. —빌링스

who? 빌링스 (1818~1885)

미국의 유머 작가예요. 미국 남북 전쟁 이후 신문 기사나 책 또는 코믹 강좌 등에서 평범한 언어를 사용한 철학적인 코멘트로 폭발적인 인기를 얻었지요. 그는 당시 코미디 작가들이 즐겨 쓰던 잘못된 철자법, 형편없는 문법, 엉뚱한 논리 등을 자신의 유머에 사용했어요. 특히 "이 세상에서 제일가는 바보는 아직도 태어나지 않았고, 아직 시간이 많이 있다." 등의 소박한 경구들과 우스꽝스러운 동물 묘사에 뛰어난 재능을 보였답니다.

나 하나가 참으면

중국 진나라의 진손은 아주 어렸을 때 어머니mother를 여의었습니다. 진손의 아버지father는 어머니 없이 자라는 아들이 가엾어 새 부인을 맞아들였어요.

🔸 **맞아들이다**
가족의 일원으로 받아들이다.

🔸 **당부하다**
말로써 꼭 하여 주기를 부탁하다.

"여보, 무엇보다도 當付당부하고 싶은 게 있소."

"네? 무엇인데요? 뭐든 말씀만 하세요. 다 들어드릴게요."

"우리 가여운 아들은 일찍 엄마를 잃어서 외롭게 자랐다오. 그러니 부디 좋은good 엄마가 되어 주오."

"그거야 마땅히 제가 할 道理도리 아니겠어요? 염려 마세요."

"고맙소. 이제야 마음이 놓이는구려."

하지만 진손의 새어머니는 마음씨가 고약한 사람이었습니다. 의붓아들인 진손을 보살피지 않았어요. 보살피는 게 뭐예요. 날마다 골탕을 먹이고 괴롭히기 일쑤였어요. 마치 下人하인을 부리듯이 진손을 부려 먹었습니다. 아버지 앞에서는 상냥하게 웃으며 잘 대해 주기 때문에 아버지는 아무것도 몰랐습니다.

歲月세월이 흘러 새어머니에게서도 두 아들이 태어났습니다.

"아유, 예뻐라. 눈에 넣어도 안 아픈 내 예쁜 새끼들!"

새어머니는 친자식들에게는 따뜻한 쌀밥을 먹이고 진손에게는 겨로 뭉친 주먹밥을 주었습니다. 겨울이 되면 두 아들에게만 두꺼운 솜옷을 해 입히고, 진손에게는 갈꽃을 넣어 만든 옷clothes을 입혔어요.

아버지는 집house을 떠나 있는 날이 많았기 때문에 진손의 힘든 사정을 알지 못했습니다. 진손은 결코 아버지에게 어머니의 험담을 하지 않았거든요.

도리
사람이 마땅히 지켜야 할 바른 길

새어머니
아버지가 새로이 부인으로 맞이한 사람을 이르는 말

의붓아들
남편의 전처가 낳은 아들. 혹은 재혼하여 온 아내가 데리고 들어온 전남편의 아들

갈꽃
갈대의 꽃. 솜같이 흰 털이 많으나 솜에 비해 매우 거칠고 차갑다.

험담
남의 흠을 찾아 내어 헐뜯음.

나 하나가 참으면

친자식
자기가 낳은 자식

"부인, 우리 손에게도 친자식처럼 잘 대해 주구려."

아버지가 때때로 付託부탁하면 새어머니는 억울해 못 견디겠다는 듯 펄펄 뛰었습니다.

"세상에! 무슨 말씀을 그렇게 하세요? 정말 섭섭하네요. 나는 굶더라도 손에게는 뜨거운 밥rice을 지어 먹인다는 걸 모르시는군요. 直接직접 불러 확인해 드릴까요?"

새어머니는 큰 소리로 진손을 불러 다그쳤습니다.

구박하다
못되게 괴롭히다.

"애야, 어미가 억울해서 못살겠다. 내가 널 구박한 적이 한 번이라도 있느냐?"

그럴 때마다 진손은 얼굴 가득 함박웃음을 지으며 공손하게 대답하는answer 것이었습니다.

"어머니께서 잘 돌봐 주셔서 저는 아무 부족함이 없습니다."

"허허, 그래?"

진손의 말을 듣자 아버지도 마음을 놓았습니다.

마차
말이 끄는 수레

살을 에다
살을 칼로 도려내듯이 베다.

말고삐
말의 머리에 씌워 놓은 굴레에 매어, 말을 끌 때 쓰는 줄

그러던 어느 추운 겨울날이었습니다. 갑자기 집안에 일이 생겨 아버지와 손이 한 馬車마차를 타고 여행을 하게 되었어요. 진손이 앞에 앉아 마차를 몰았는데 살을 에는 듯한 바람wind이 불자, 몸을 떠느라고 그만 말고삐를 놓쳐 버렸습니다.

100 사랑과 용기가 가득한 슬기 이야기

"손아! 정신을 어디 두고 있느냐? 말고삐를 놓치다니! 사고가 날 뻔하지 않았느냐?"

화난angry 아버지가 무섭게 꾸짖었습니다.

"죄송합니다, 아버지."

진손은 다시 말고삐를 잡고 말을 몰았습니다. 精神정신을 바짝 차리려고 애썼지만 칼날 같은 바람 때문에 또다시 말고삐를 놓치고 말았어요.

"손아, 잠깐 말horse을 세워라! 어디 아픈 게냐? 이상하구나."

아버지는 아들이 부들부들 떨고 있다는 것을 알아차렸습니다. 아들의 몸을 만져 보니 마치 얼음장*같이 차가웠어요. 아들의 옷은 솜옷은커녕 바람이 숭숭 들어가는 갈꽃 옷이었지요. 아버지는 모든 것을 알아차렸습니다.

얼음장
좀 넓다란 얼음 조각. 손발이나 구들 등이 몹시 찰 때 비유적으로 이르는 말

"손아…! 容恕용서해 다오. 다 못난 아비 탓이다."

아버지는 두 팔로 아들을 꽉 끌어안아 주었습니다.

"아니에요, 아버지."

그 길로 집에 돌아온 아버지는 아내에게 말했습니다.

"당신과 헤어져야겠소. 人間인간의 도리도 모르는 사람과 더 이상 같이 살 수 없소."

"네? 제가 뭘 잘못했나요?"

"그건 부인이 더 잘 알 것이오."

그러자 진손이 울면서 아버지에게 哀願애원하였습니다.*

"안 돼요, 아버지. 지금은 저 하나만 참으면 되지만, 어머니가 안 계시면 두 同生동생들까지 힘들게 됩니다. 제발 새어머니를 용서해 주세요."

"손아!"

아버지는 속 깊은 아들의 말에 感激감격하였어요. 그래서 아내를 내쫓으려던 마음을 돌렸습니다.

"손아, 이 못난 어미를 용서해 주렴."

손의 마음에 感動감동한 새어머니는 그때부터 좋은 어머니가 되었습니다.

애원하다
애처롭게 사정하여 간절히 바라다.

콕콕point

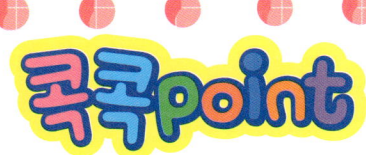

자기를 미워하고 해롭게 한 사람을 용서하는 일은 쉽지 않습니다. 주먹으로 한 대 맞으면 더 세게 한 대 때려 주고 싶은 것이 사람의 마음이니까요. 그러나 마음이 넓고 너그러운 사람은 용서하지요.

용서하는 마음은 참으로 어질고 아름다운 마음이에요. 용서는 세상에서 다툼과 싸움을 멈추게 하고 사회를 아름답게 만들지요. 우리가 살면서 저지르는 사소한 잘못이나 실수를 서로 용서하지 않는다면 세상에는 미움과 분노가 가득해질 것입니다.

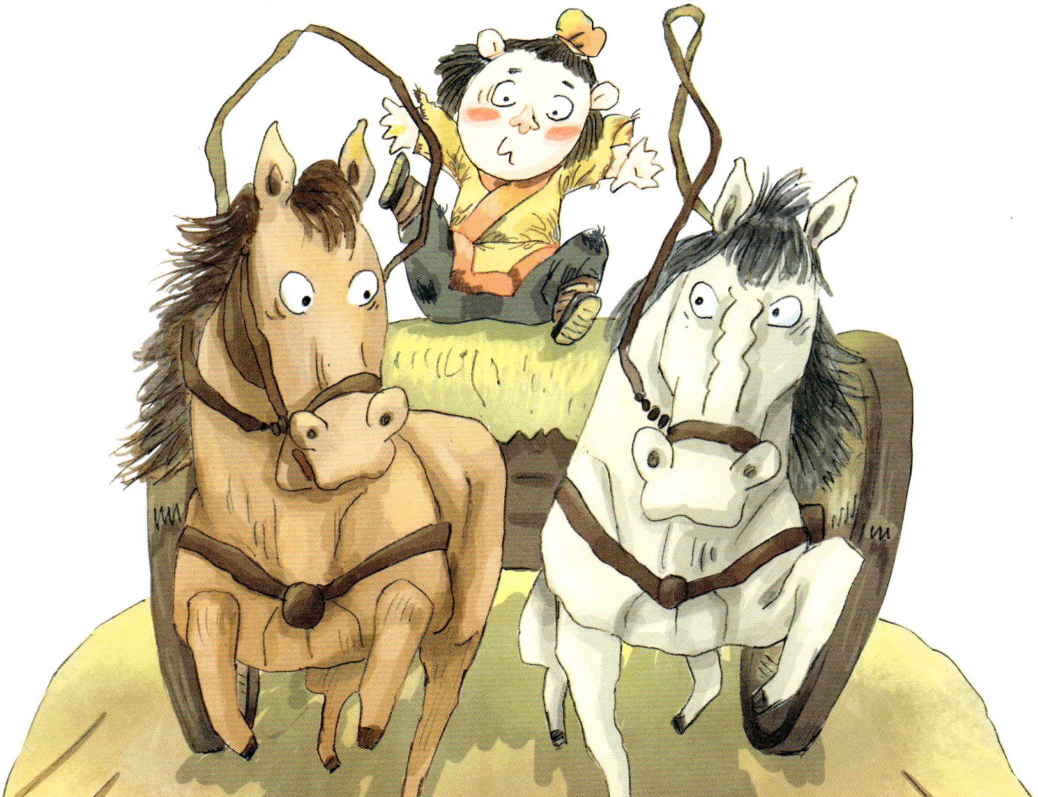

:: 지금 신에게는 아직도 전선 12척이 있사옵니다. —이순신

who? 이순신 (1545~1598)

조선 선조 때의 장군이에요. 임진왜란으로 나라가 위태로워졌을 때, 삼도 수군통제사로 있으면서 바다를 단단히 지켜 전쟁을 승리로 이끌었지요. 이순신은 마지막 전투인 노량 해전 중 왼쪽 가슴에 적의 탄환을 맞고 전사했어요. 온갖 모함을 받으면서도 개인의 안전을 생각하기보다 나라를 위해 몸 바쳤던 충성심은 우리 민족의 훌륭한 본보기가 되고 있답니다. 전쟁 중의 기록을 남긴 〈난중일기〉와 시조, 편지글 등이 남아 있어요.

조각배도 살려 보내지 마라

'흐음, 점점 더 어려워지는구나.'

명량 대첩을 앞둔 1597년 9월, 다시 수군통제사가 된 이순신은 배ship 위에 앉아 바다 저편으로 넘어가는 해를 바라보고 있었습니다. 싸울 수 있는 軍士군사라야 모두 다 합하여 겨우 백여 명뿐이었습니다. 왜군과는 상대가 되지 않는 숫자였지요.

명량 대첩
조선 선조 30년(1597년)에 이순신이 이끄는 12척의 배가 명량에서 일본의 함대 133척을 맞아 싸워 31척을 격파하며 크게 이긴 싸움

수군통제사
조선 시대에 수군을 다스리던 정2품 무관 벼슬

왜군
일본의 군대

조각배도 살려 보내지 마라

일인당천
한 사람이 천 사람의 적을 당함. 대단히 용감하다는 말

장수
군사의 우두머리

'절대로 질 수 없는 싸움이다. 힘은 들겠지만 一人當千일인당천의 각오라면 어찌 승산이 없겠는가. 將帥장수가 약해지면 끝장이다. 내 두 어깨에 우리 민족의 장래가 달려 있다. 힘을 내야 한다. 내가 자신을 잃고서야 어찌 부하들에게 勇氣용기를 내라고 호통을 칠 수 있겠는가.'

이순신은 두 주먹을 불끈 쥐었습니다.

보고
어떤 일에 대한 내용을 말이나 글로 알림.

"아버님, 報告보고가 들어왔습니다. 먼바다에 이른 적enemy의 함대는 적게 잡아도 백 척이 넘는다고 합니다. 어찌 상대가 되겠습니까?"

맏아들 회의 눈에서 눈물tear이 흘러내렸습니다.

"어허, 회야, 무슨 소리를 그렇게 하느냐? 우리에게는 아직도 배가 12척이나 있지 않느냐!"

아들son의 말에 이순신은 담담한 목소리로 말했습니다.

9월 14일 아침, 다급한 보고가 들어왔습니다.

"장군님! 적의 함대 55척이 어란 앞바다에 나타났습니다!"

"음, 올 것이 왔구나!"

수효
물건의 수

진
병사를 편성한 대열을 배치한 곳

이순신의 얼굴에 비장함이 어렸습니다.

'우리 배의 수효가 워낙 적구나. 맞설 수가 없어. 진을 옮기는

106 사랑과 용기가 가득한 슬기 이야기

것이 낫겠다. 명량 어귀를 背後배후로 삼을 수는 없으니 우수영 앞바다로 옮기자.'

다음 날 새벽dawn, 이순신은 작전을 지시하고 출전 명령을 내렸습니다.

군관들과 병사들의 얼굴에서는 活氣활기라고는 찾아보기가 어려웠어요. 겁을 잔뜩 집어먹은 표정이 싸우기도 전에 패배한 모습이었지요.

'이 상태로는 안 되겠구나. 먼저 싸우려는 의지를 불타오르게 해야 한다.'

이순신은 모든 將兵장병들을 한자리에 모아 놓고 큰 소리로 말했습니다.

"우리가 강하지 않으면 누가 우리나라와 우리 민족을 지킬 것인가! 우리가 지키지 않으면 누가 우리 가족을 왜군의 총칼 아래서 지켜 줄 것인가!"

▶ 충무공 이순신 동상

*어귀 드나드는 길목의 첫머리
*배후 등 뒤
*출전 싸우러 나감.

이순신의 말을 듣는 군사들의 얼굴 表情표정이 조금씩 달라졌습니다.

"죽고자 하면 살 것이고 살고자 하면 죽을 것이다! 이 말은, 죽을 것을 각오하고 용감하게 싸우면 죽음death이 그를 피해 갈 것이고, 살겠다고 기회를 엿보면 오히려 죽음이 그를 덮치게 될 것이라는 말이다. 나는 오늘 죽을 覺悟각오를 하겠다. 내 민족을 위해 기꺼이 내 목숨을 바치겠다."

이순신의 비장한 말에 군사들의 생기 없던 눈에서 빛light이 나기 시작했어요.

비장하다
슬프면서도 장하다.

생기
싱싱하고 힘찬 기운

"그대들은 나를 따라 주겠는가?"

"네, 장군님!"

군사들의 목소리에 힘이 들어가 있었습니다.

"그대들도 나와 함께 나라를 위해 목숨life을 바치겠는가?"

"네! 그러겠습니다!"

처음으로 힘찬 목소리가 울려 나왔습니다.

운명
앞으로의 생사에 관한 처지

"오늘 나와 함께 運命운명을 같이하겠는가?"

"네, 장군님! 기쁘게 죽겠습니다!"

죽음을 각오한 병사들의 함성이 하늘sky을 찌를 듯했습니다.

'그래, 이제는 됐다. 장하다, 조선의 병사들이여.'

이순신의 눈eye에 물기가 어렸습니다.

9월 16일, 드디어 완전히 모습을 드러낸 적의 함대는 130여 척에 이르렀습니다. 순식간에 적군의 배가 우리 배를 몇 겹으로 에워싸기 시작했습니다. 그때,

"지금이다! 돌격*하자!"

큰 함성과 함께 이순신의 배가 적의 中心部중심부를 향해 무섭게 돌진해 들어갔어요. 그러자 나머지 11척의 배들도 포문*을 열고 공격하며attack 돌진해 나갔습니다.

"어, 어, 이런!"

돌격
적진으로 거침없이 나아가 공격함.

포문
대포의 탄알이 나가는 구멍

| 기습
생각지 않았던 때에 갑자기 들이쳐 공격함.

| 침몰
물속에 가라앉음.

| 우왕좌왕하다
일이 나아가는 방향을 종잡지 못하여 이리저리 왔다 갔다 하다.

재빠른 기습*에 적의 배들은 당황하였습니다. 순식간에 이순신의 배는 적선 30여 척을 沈沒침몰시켰지요.

"안 되겠다! 도망쳐라!"

적군이 우왕좌왕하는* 틈을 타서 김석손이 활에 맞은 적장의 목을 베자 우리 수군의 氣勢기세는 더욱 올랐습니다.

"몰아라! 적군을 울돌목으로 몰아라!"

앞을 내다본 이순신은 미리 울돌목에 쇠줄을 設置설치해 놓았던 것입니다. 달아나던 적선들은 울돌목에 이르자 거센 물살 속에서 쇠줄에 걸려 균형을 잃고 자기네 배들끼리 부딪쳐 침몰하는 등 아수라장이 되었지요.

| 아수라장
싸움 등으로 큰 혼란에 빠진 곳

| 해전
바다에서 벌이는 싸움

| 유례
이전부터 있었던 사례. 전례

이것이 겨우 12척의 배로 133척의 적선을 맞아 싸워 큰 승리를 거둔 명량 대첩입니다. 세계의 海戰해전 역사상 그 유례*를 찾아보기 힘든 대승리를 거둔 것이지요.

"우리가 죽어야 내 가족과 나라가 보존될 것이다!"

| 애끓다
몹시 안타까워 애타는 마음이 들다.

| 고취
사상 등을 열렬히 주장하여 불어넣음.

애끓는* 이순신의 부르짖음이 병사들의 마음속에 죽음을 초월한 愛國心애국심과 민족정신을 고취*시킨 것이지요. 우리나라를 반드시 지켜내겠다는 이순신의 강한 의지가 기적miracle 같은 대승리를 이끈 것입니다.

'달걀로 바위치기'라는 말이 있습니다. 전혀 상대가 되지 않는다는 뜻이지요. 그러나 상대가 안 되는 싸움이라고 해도 정신력으로 승리한 전투는 역사 속에서 종종 찾아볼 수 있습니다. 하늘의 별을 따는 것만큼이나 어려운 일이지만 정신력에 따라서 기적과 같은 승리를 거두기도 합니다.

'일당백(一當百)'이라는 말이 있습니다. 한 사람이 백 사람을 당해 낼 수 있다는 뜻이지요. 강한 정신력은 그만큼 힘이 있다는 것을 알고, 정신을 더 강하게 단련하는 일을 게을리하지 말아야겠습니다.

▲ 임진왜란 때 우리 수군은 '일당백'의 정신으로 왜군에 맞서 싸웠습니다.

:: 세월은 사람을 기다리지 않는다.
—도연명

 도연명 (365~427)
중국의 대표적인 시인이에요. 동진 말기부터 남조의 송나라 초기에 걸쳐 살았어요. 벼슬자리에 올랐으나 누이가 죽었다는 소식이 들려오자 그 길로 벼슬을 내놓고 고향으로 돌아왔어요. 이때 나온 작품이 유명한 〈귀거래사〉예요. 그 후 죽을 때까지 20여 년간 은둔 생활을 하며 자연을 벗 삼아 아름다운 시를 썼답니다.

더 빨라도 문제, 더 늦어도 문제

 영국 런던 시에서 일하는 한 젊은 관리가 **政治家** 정치가인 웰링턴 공작을 찾아갔습니다.

'실례인 줄은 알지만 급한 일이니 찾아가 뵈어야겠다.'

관리는 공작의 집 대문 앞에서 막 **外出** 외출하러 나가는 공작과 마주쳤습니다.

공작
다섯 등급으로 나눈 귀족의 작위 가운데 첫째 작위. 후작의 위.

실례
예의에 벗어남.

112 사랑과 용기가 가득한 슬기 이야기

'어, 하마터면 헛걸음할 뻔했잖아! 다행이다.'

관리는 공작에게 허리를 굽혀 人事인사를 하였습니다.

"공작님, 지금 나가십니까?"

공작은 의아한 표정으로 관리를 바라보며 물었습니다.

"그렇소. 그런데 내게 무슨 볼일이 있소?"

그때 시간이 급한지 공작의 비서가 자꾸 시계watch를 보는 것을 보았습니다. 관리는 마음을 바꾸었습니다.

"아닙니다, 공작님. 어서 외출하시지요. 지금은 나가시는 길이니 다음에 다시 찾아뵙기로 하지요."

다시 인사를 하고 관리가 돌아서려고 하자 공작이 불렀습니다.

"나를 만나러 올 생각이면 미리 約束약속을 해 두기로 하지. 아무 때나 불쑥 오면 만나기 어려우니……."

관리가 반색을 하였습니다. 공작의 말이 백번 옳았거든요.

"네, 그렇게 하지요. 공작님께서 시간을 말씀해 주시면 그대로 따르겠습니다."

공작이 비서와 對話대화를 주고받더니 관리에게 말했습니다.

"내일tomorrow 오후 3시, 런던 다리에서 만나는 건 어떤가? 마침 그 부근에서 중요한 모임이 있으니까 말일세."

"알겠습니다, 공작님. 그럼 내일 뵙겠습니다."
다음 날 오후 3시. 웰링턴 공작은 약속한 時間시간에 맞춰서 약속 장소로 나갔습니다. 그러나 관리는 보이지 않았어요.
약속 시간보다 5분 늦게 관리가 나타나자 웰링턴 공작이 시계를 가리키며 말했지요.
"5분이나 늦었구먼."
언짢은 表情표정을 짓는 공작을 보며 관리는 무얼 그러느냐는 듯 웃으며 말했습니다.
"에이, 공작님. 5분밖에 안 늦었습니다."

관리의 말에 웰링턴 공작의 목소리voice가 조금 높아졌습니다.

"5분밖에? 자넨 시간의 중요성을 모르는 사람이군. 5분, 아니 단 1분이라도 그 사이에 이루어질 重大중대한 일을 생각해 보게."

"죄, 죄송하게 되었습니다, 공작님."

웰링턴 공작의 칼날같이 엄한 말에 관리는 아무 말도 할 수가 없었습니다.

며칠 뒤, 관리는 다시 한 번 웰링턴 공작과 만나게 되었습니다.

"공작님, 예전에 만났던 그 런던 다리bridge에서 뵙지요."

"그렇게 하게."

관리는 지난번에 5분 늦게 나가서 크게 亡身망신을 당했던 일을 생각했습니다.

'어찌나 혼쭐이 났는지! 이번에는 일찍 가서 체면을 지켜야지.'

관리는 약속 시간보다 5분 일찍 나가서 기다렸습니다.

5분 후, 약속 시간이 되자 웰링턴 공작이 런던 다리에 到着도착했습니다. 미리 와 있던 관리가 공작을 반겼습니다. 으스대는 표정이 뚜렷했지요.

"오, 공작님. 저는 아까아까 도착했습니다. 오늘은 제가 약속 시간보다 5분이나 빨리 왔답니다."

관리의 말에 공작은 웃음기 없는 표정으로 말했습니다.

"이보게, 대체 자넨 시간의 가치를 아는가, 모르는가? 아까운 시간을 5분이나 낭비하다니!"

"네?"

이번에도 관리는 아무 말도 할 수가 없었습니다.

웰링턴 공작으로부터 시간의 귀중함을 배운 관리는 그 뒤 성실한 生活생활 태도로 높은 자리에까지 올랐다고 합니다.

　시간의 소중함은 아무리 강조해도 지나치지 않습니다. 그러나 요즘처럼 교통 기관의 영향을 크게 받는 시대에는 약속 시간에 딱 맞게 도착하기란 참 어려운 일이에요. 조금 넉넉하다 싶게 준비를 해야 상대방에게 실례를 하지 않게 된답니다.

　시간은 다시 되돌릴 수 없습니다. 그러므로 한번 지나가면 그만이지요. 단 한 번밖에 쓸 수 없는 시간을 함부로 낭비하면 안 되겠지요. 지혜롭게 시간을 잘 사용해야 후회하지 않는 생활을 하게 됩니다. 어려서부터 시간을 잘 관리하는 습관을 들여야겠습니다.

:: 그대의 하루하루를 그대의 마지막 날이라고 생각하라. —호라티우스

who? 호라티우스 (기원전 65~8)

고대 로마 시인이에요. 로마에서 교육을 받고 그리스 아테네로 가 아카데메이아(플라톤이 세운 학교)에서 공부하였어요. 아우구스투스 황제와 가까워져 황제의 비서가 되어 달라는 요청을 받았으나 이를 거절하고 작품 활동에만 힘을 썼어요. 그의 시는 고귀한 내용과 아름다운 라틴 어의 사용으로 높은 평가를 받고 일찍부터 교과서로 쓰였답니다.

아, 5분…!

사형
죄수의 목숨을 빼앗는 형벌

독방
죄수를 한 명만 가두는 감방. 독거 감방

어느 나라의 감옥에 死刑사형 날짜가 잡힌 사형수가 있었습니다. 아직 젊은 청년인데 죽음death을 기다리며 어두운 독방에서 슬픈 나날을 보내고 있었지요.

'나쁜 政治정치는 바꿔야 해. 혹시 죽게 되더라도 나는 결코 후회하지regert 않을 거야. 옳다고 믿는 일을 했을 뿐이니까.'

당시의 정치에 대해 反對반대 생각을 가지고 있던 청년은 혁명을 일으키는 일에 나섰다가 붙잡혀 사형 선고를 받았습니다.

죽음을 앞두고 있었지만 청년은 꿋꿋했어요.

'당당하게 運命운명을 받아들이자.'

시간time이 흘러 마침내 사형을 집행하는 날이 되었습니다.

집행관들이 사형수를 데리러 왔어요.

"나오시오!"

사형수는 죽음을 태연하게 받아들이려고 애썼지만, 자기도 모르게 몸body이 부르르 떨리는 것을 억제할 수가 없었습니다. 다리leg에 힘이 풀려 걷기도 힘겨웠지요.

刑場형장으로 가는 길에 사형수는 고개를 들어 파란 하늘sky을 올려다보았습니다. 생전 처음 보는 듯이 맑은 하늘이었어요.

'오, 하늘이 저토록 아름다운 푸른색이었던가!'

눈에 보이는 事物사물이 모두 다 새롭게 보였습니다. 귀하게 보였고, 아름답게 느껴졌어요. 멀리 보이는 나무 한 그루에도 애틋한 마음이 들었지요.

사형장에는 많은 사람들이 조용히 앉아서 사형수를 기다리고 있었습니다. 사형 집행에 필요한 모든 準備준비가 끝나 있었어요.

혁명
헌법의 범위를 벗어난 수단으로써 국가 기초, 제도 따위를 바꾸는 일

집행하다
법률, 재판 등의 내용을 실행하다.

억제하다
감정, 욕망 등을 내리눌러서 그치게 하다.

생전
살아 있는 동안

애틋하다
몹시 아깝고 서운하여 애가 타는 듯하다.

아, 5분…! 119

사형장의 분위기mood는 엄숙했고, 모인 사람들의 表情표정은 더없이 어두웠습니다.

"지금부터 5분의 시간을 주겠소."

마지막으로 사형수에게 5분의 시간이 주어졌습니다. 짧긴short 했지만 더없이 所重소중한 시간을 준 것이 사형수는 고맙게만 여겨졌습니다.

'내 생애 마지막 5분이로구나. 이 5분을 어떻게 쓸까use?'

사형수의 머릿속이 분주해졌습니다.

'그래. 나를 알고 있는 모든 이들에게 작별 기도를 하는 데 2분을 쓰자. 그리고 오늘today까지 살게 해 준 하느님God께 감사하고, 곁에 있는 다른 사형수들에게 한마디씩 인사를 건네는 데 2분을 쓰자. 마지막으로 나머지 1분은 내 人生인생에 베풀어 준 自然자연의 아름다움과, 최후last의 순간까지 발을 딛고 서 있게 해 준 땅에 감사를 전해야겠다.'

사형수는 한 사람 한 사람 家族가족과 친구들에게 마음속으로 작별 인사를 해 나갔습니다.

'아, 가족들이 나 때문에 얼마나 슬퍼할까?'

가슴heart이 미어지고 뜨거운hot 눈물이 주르르 흘러내렸습니다. 그 사이에 2분이 지나 버렸습니다.

다음으로, 자신의 지난 삶life을 돌이켜 보며 정리해 나갔습니다.

'28년이란 세월을 살았구나. 그런데 3분 후면 이 모든 게 끝이라니······.'

아뜩한 절망감이 몰려오며 사형수의 눈앞이 캄캄해졌습니다.

'내가 왜 28년이란 歲月세월을 좀 더 아끼며 살지 못했던가! 아, 금쪽같은 시간을 귀하게 쓰지 못한 게 후회스럽다. 언제까지나 내게 주어지는 게 시간인 줄 알았어. 제발, 다시 한 번 살 수 있다면······.'

뜨거운 눈물을 흘리는 瞬間순간, 갑자기 집행장이 크게 술렁이기 시작했습니다. 그리고 놀라운 소식news이 날아들었어요.

"사형 집행 中止중지! 중지 명령이 내렸습니다!"

아뜩하다 정신을 잃고 까무러칠 듯하다.

금쪽같다 매우 귀하고 소중하다.

중지 일을 중도에 그만둠.

▼ 도스토옙스키

문호
뛰어난 문학가

구사일생
죽을 고비를 여러 차례 넘기고 살아남.

각오
앞으로 해야 할 일에 대한 마음의 준비

명작
뛰어난 작품

이렇게 해서 기적적으로 목숨을 건지게 된 그 사형수가 바로 세계적인 문호인 도스토옙스키입니다.

그는 죽음 앞에서 九死一生구사일생으로 풀려나 새 인생을 살게 되었습니다.

'아, 그날의 그 5분! 결코 잊을 수 없는 시간이지.'

그는 평생 사형 집행 직전에 주어졌던 그 5분을 기억했습니다. 죽을 때까지 머릿속에 간직하고 각오를 다지며 살았습니다. 그때를 생각하면 단 1분이라도 헛되이 쓸 수가 없었지요.

'후회의 눈물을 흘리지 않기 위해, 순간순간을 最善최선을 다해 살아야 해.'

그 결과 그는 인류의 마음을 감동시키는 위대한 作品작품을 탄생시켰습니다. 〈죄와 벌〉〈카라마조프의 형제들〉 등 세계 문학사에 길이 남을 수많은 名作명작을 남겼답니다.

도스토옙스키 (1821~1881)

러시아의 소설가예요. 톨스토이와 함께 러시아를 대표하는 세계적인 대문호이지요. 정치 혁명을 꾀한 사건에 관계되어 사형 선고를 받았지만 감형되어 시베리아에서 유배 생활을 하였어요. 대표작으로 〈죄와 벌〉〈카라마조프의 형제들〉〈가난한 사람들〉 등이 있답니다.

우리가 정말 소중히 여겨야 할 것 가운데 하나가 시간입니다. 하지만 우리는 일쑤 그걸 잊어버리고 살지요. 돈을 빌려 달라고 하면 망설이면서 어디 좀 함께 가자고 하면 금세 따라나서거든요.

어린이 여러분에게 만약 시간이 5분밖에 남아 있지 않다면, 그 시간을 어떻게 쓰고 싶은지요?

시간이 끝없이 우리에게 주어지는 것 같지만 실제로는 매일매일 줄어들고 있는 것을 알아야 해요. 5분, 10분, 한 시간의 연속이 오늘이라는 사실을 깨닫고 시간을 가볍게 여기지 않는 습관이 필요하지요.

또한 나의 시간이 소중한 만큼 다른 사람의 시간도 중요하게 여길 줄 알아야 해요. 어릴 때부터 시간 관리를 잘해야 이다음에 알찬 열매를 거둘 수 있답니다.

'시간은 금'이라는 말을 잊지 마세요.

:: 눈물과 더불어 빵을 먹어 보지 않은 사람은 인생의 참다운 맛을 모른다.
―괴테

who? 괴테 (1749~1832)

독일의 시인이에요. 세계 문학사에서 가장 빛나는 예술가들 중 한 명으로, 문학가로서뿐만 아니라 과학자와 정치가로서도 크게 활약했어요. 과학에 관한 저서만 14권에 이를 정도로 다양한 분야의 많은 책들을 펴냈지요. 인간의 한계를 넘어서는 놀라운 예술적 경지에 오른 그는 세상을 떠나기 불과 몇 달 전, 60년 동안 고심해서 쓴 불후의 명작〈파우스트〉를 완성했답니다.

20달러의 사랑

서커스
마술이나 곡예, 동물의 묘기 등을 보여 주는 공연물. 혹은 그것을 공연하는 단체.

나들이
곧 돌아올 생각으로 가까운 곳에 나감.

두둥실
물이나 공중으로 가볍게 떠오르는 모양.

 열 살 난 댄은 부모님과 함께 서커스circus 구경을 가기로 했습니다. 기다리고 기다렸던 오랜만의 가족 나들이였어요.

서커스장으로 가는 동안 댄은 너무 신이 나서 발이 땅에 닿는 것 같지도 않았어요. 마치 두둥실 하늘을 나는 것만 같았지요.

"아빠 엄마, 고맙습니다thanks. 너무 신 나요. 가슴이 쿵쾅쿵쾅 뛰어서 어젯밤에는 잠도 제대로 못 잤어요."

"너도 그랬단 말이야? 하하, 사실은 아빠도 그랬거든."

댄 가족은 賣票所매표소 앞으로 가서 줄을 섰어요.

오랜 시간을 기다린 끝에 오직only 한 가족만이 댄의 가족 앞에 있었습니다. 그 가족은 사람들의 눈에 금세 띄었어요. 흔히 볼 수 없는 大家族대가족이었기 때문이었지요. 열두 살 이하의 올망졸망한 아이들이 여덟 명이나 되었습니다.

"엄마, 저기 좀 보세요."

여기저기에서 소곤거리는 귀여운cute 목소리가 쉴 새 없이 들렸어요. 그들의 옷차림으로 보아 분명 부유한 形便형편이 아님을 알 수 있었지요. 그러나 옷clothes은 깔끔하게 손질되어 있었고 아이들의 행동에는 기품이 있었어요. 아이들은 父母부모 뒤에 한 줄로 죽 늘어서 있었습니다.

"언니, 난 재주 부리는 원숭이monkey가 第一제일 보고 싶어."

"난 코끼리elephant가 더 좋아."

아이들은 서커스의 온갖 곡예들에 대해 호기심을 감추지 못했습니다. 그들의 對話대화로 미루어 보아 단 한 번도 서커스를 구경한 적이 없다는 것을 알 수 있었어요. 그날 밤은 그들의 어린 시절에서 결코 잊지 못할 追憶추억이 될 것이 틀림없었지요.

매표소
표를 파는 곳

대가족
식구 수가 꽤 많은 가족

올망졸망하다
비슷한 나이의 귀여운 아이들이 많이 있는 상태이다.

기품
고상한 품격

곡예
줄타기 등 보통 사람들이 하지 못하는 재주를 부리는 일

🍄 **신뢰**
믿고 의지함.

🍄 **고뇌**
속을 태우고 괴로워함.

아이들의 부모님은 자랑스러운 얼굴로 맨 앞에 서 있었습니다. 아내wife는 남편husband의 손을 잡고 한없는 신뢰가 담긴 눈으로 남편을 쳐다보았어요. 아내의 표정만으로도 얼마나 사이좋은 夫婦부부인가를 충분히 알 수 있었지요.

"손님, 표가 몇 장이나 필요하세요?"

매표소의 직원이 남자에게 물었어요. 그러자 남자는 자신의 뒤에 줄지어 서 있는 귀여운 아이들을 바라보며 말했습니다.

"어린이child 여덟 장과 어른 두 장을 주시오."

"네, 정말 福복이 많으시군요. 50달러입니다."

"네?"

그 순간 아이들의 어머니가 조용히 남편의 손을 놓고 고개를 떨구었습니다. 남자의 입술lips이 보일 듯 말 듯 가늘게 떨렸어요. 남자는 매표소 창구에 몸을 숙이고 되물었습니다.

"방금 얼마라고 했소?"

남자는 50달러를 갖고 있지 않은 게 분명했습니다.

'어쩌면 좋지? 한껏 期待기대에 부푼 아이들에게 이제 와서 서커스를 구경할 돈이 모자란다고 말할 수는 없어.'

남자의 얼굴에 깊은 고뇌의 표정이 스쳐 갔습니다.

그 순간이었어요. 그들 뒤에 서 있던 댄의 아버지가 얼른 주머니pocket에 손을 넣더니 20달러짜리 지폐를 꺼내 땅에 툭 떨어뜨리는 거예요. 그런 다음 몸을 굽혀 지폐를 주워 들더니 앞에 서 있는 남자의 어깨shoulder를 두드리며 말했습니다.

"어, 선생! 방금 선생의 주머니에서 이것이 떨어졌소."

"…………?"

영문
일의 까닭

적선
돈이나 물건을 거저 주는 일을 좋게 이르는 말

두 남자의 눈이 조용히 만났습니다. 남자는 댄의 아버지의 눈빛을 보고 무슨 영문인지 알아차렸어요. 그는 결코 積善적선을 바라지 않았지만, 절망적인 그 상황에서 댄의 아버지가 내밀어 준 도움의 손길은 실로 貴重귀중한 것이었지요.

남자는 아버지의 눈을 똑바로 쳐다보더니 힘주어 아버지의 손을 잡았습니다. 그리고 20달러짜리 지폐를 꼭 움켜잡으며 떨리는 목소리로 말했어요.

"고맙소, 선생. 내 가족에게 진정 귀한 선물present입니다."

"아니요. 자, 어서."

그 가족은 곧 표를 산 다음, 종달새처럼 기쁘게 웃고 재잘거리며 손에 손을 잡고 서커스장 안으로 들어갔습니다. 그 모습을 댄의 가족은 흐뭇한 表情표정으로 바라보았어요.

"댄, 우리도 가 볼까?"

"네, 아빠 엄마."

댄의 가족은 저녁 식사dinner도 하지 못하고 버스bus를 타고 집으로 돌아와야 했습니다. 댄의 집 역시 형편이 넉넉지 않았거든요. 비록 서커스 구경은 하지 못했지만 세 사람의 마음은 결코 허전하지 않았답니다.

통계로 보면 불우 이웃을 돕는 모금에 돈을 기부하는 사람들 중에는 가난한 사람들이 매우 많다고 합니다. 자기가 가난을 겪어 봤기 때문에 앞장서서 도우려고 하는 것이지요.

남을 배려하면 부메랑처럼 자기에게로 복이 돌아옵니다. 그래서 마음이 행복해지고 기뻐지지요. 누군가를 도와주었던 일이 우리 어린이들에게도 다 있을 거예요. 그럴 때 괜히 웃음이 나고 마음이 기뻐졌지요?

남을 도와주고 보살필 줄 아는 사람이 많아질수록 그 사회는 행복해질 거예요. 영원히 행복한 사람도 없고 영원히 불행한 사람도 없는 법이에요. 기쁨과 슬픔이 섞여 있는 세상에서 약하고 슬픈 사람들을 내 형제처럼 생각하고 돕는다면 얼마나 아름다운 세상이 될까요?

:: 학문에는 왕도가 없다.
— 유클리드

who? 유클리드 (기원전 330~275)

고대 그리스의 수학자예요. 그리스 수학을 모두 간추린 〈기하학 원론〉을 썼어요. 알렉산드리아에서 프톨레마이오스 1세에게 수학을 가르쳤는데, "기하학에서 〈기하학 원론〉 방법보다 쉬운 길은 없는가?"라는 프톨레마이오스 1세의 질문에 "기하학에 왕도는 없다."라고 대답하였답니다. 여기서 왕도란 '임금의 길', 즉 특별한 길, 쉬운 길을 뜻해요.

아, 이제야 겨우!

영롱하다
아름답고 찬란한 빛이 나다.

보석 감정사
보석의 진위를 감별하고 가치를 평가하는 사람

단숨에
한 번에

 아주 어릴 때부터 반짝이는 보석jewel을 보고 꿈을 키워 온 한 젊은이가 있었습니다.

'어쩜 저리도 신비스러울까. 영롱하게 빛나는 보석들은 정말 아름답구나. 난 꼭 보석 감정사*가 되어야지. 그러려면 진짜와 가짜를 단숨에 가려낼 수 있는 實力실력이 필요해. 내가 전문가가

되려면 훌륭한 스승 아래에서 잘 배워야 할 텐데……. 학교를 졸업하면 보석 전문가를 찾아가서 弟子제자가 되어야지.'

시간이 흘러 마침내 학교를 卒業졸업한 청년은 유명한 보석 전문가를 찾아갔습니다. 사람들이 추천해 준 보석 전문가는 나이가 많은 老人노인이었어요.

"부디 기술을 가르쳐 주십시오. 보석 감정사가 되고 싶습니다."

청년은 공손한 태도로 부탁을 했습니다. 그러나 청년을 힐끗* 본 전문가는 고개를 흔들며 거절했어요refuse.

> **힐끗**
> 가볍게 한 번 흘겨보는 모양

"쓸데없는 소리 하지 말고 돌아가게. 이 기술은 아무나 배우는 게 아니야."

젊은이는 안타까워하며 호소했습니다.*

> **호소하다**
> 어떤 일을 하게 하려고 마음이나 감정을 불러 일으키다.

"정말 배우고 싶은 간절한 마음을 안고 학교를 졸업하는 날만 기다려 왔습니다. 왜 제 眞心진심을 몰라주십니까?"

그러나 스승은 냉정하게 말했습니다.

"진짜 보석을 가려내기 위해서는 오랜 시간이 필요하네. 끈기와 인내심*patience이 필요하단 말일세. 그런데 젊은 사람들은 어떤가? 쉽게 뜨거워졌다가 쉽게 식어 버리지 않나? 난 쓸데없는 일에 아까운 시간을 投資투자할* 생각이 없다네."

> **인내심**
> 참고 견디는 마음

> **투자하다**
> 이익을 얻기 위해 시간과 정성을 쏟다.

아, 이제야 겨우! 131

"열심히 하겠습니다, 선생님."

"어허! 다른different 일을 찾아보라니까! 정 배우고 싶다면 마흔 살이 넘어서 오게. 그전에는 무슨 말을 한다고 해도 내 제자로 받아들일 수 없어."

그러나 청년은 그대로 물러날 수가 없었습니다.

"스승님, 제발 한 번만이라도 機會기회를 주십시오, 네?"

"…………."

"제 어릴 때부터의 꿈dream이었습니다. 단 한 번도 그 꿈이 바뀌어 본 적도 없었고요. 그래서 제가 감히 소질과 열정을 갖고 있다고 자신하는 것입니다. 제발please!"

말을 마친 청년은 그 자리에서 무릎을 꿇었어요. 그의 눈에 눈물이 비치는 것을 본 스승은 마침내finally 청년에게 말했습니다.

"좋아. 정 그렇다면 내일tomorrow 이리로 나오게."

"고맙습니다, 선생님. 결코 失望실망시켜 드리지 않겠습니다."

청년은 너무나 기뻤습니다.

'아, 이제 내 꿈을 반 以上이상 이룬 것이나 다름없다. 전문가 선생님이 내게 모든 비법을 잘 가르쳐 주시지 않겠는가! 아, 이제 내 길은 활짝 열렸구나!'

기회
적절한 시기나 경우

소질
본디 타고난 성질

비법
세상에 알려지지 않은 자기만의 방법. 비방

다음 날 아침 청년이 활기찬 걸음으로 찾아가자 보석 전문가는 젊은이에게 작은 의자chair를 내주었습니다. 그러고는 손바닥에 작은 보석 하나를 쥐어 주면서 말했어요.

"아무 말도 하지 말고 가만히 앉아 있게."

청년은 전문가가 시키는 대로 말없이 의자에 앉아 스승이 하는 일을 지켜보았습니다. 보석을 쥔 손바닥에서 땀sweat이 배어 나왔어요. 전문가는 잠시도 쉬지 않고 일했습니다. 보석의 무게를 달고 문지르고 자르는 평상시의 作業작업을 계속했어요.

"…………."

청년은 말없이 앉아서 기다렸습니다. 일하는 것보다 힘든 하루가 그렇게 흘러갔지요.

다음 날 아침에도 똑같은 일이 反復반복*되었습니다.

"그 의자에 앉게."

보석 감정사는 다시 청년의 손에 어제yesterday의 보석을 쥐어 주었습니다. 그다음 날도, 그다음 날도 마찬가지였지요.

'오늘은 뭔가 새로운 것을 가르쳐 주시겠지.'

기대를 품고 출근을 하면 변함없이 어제와 똑같은 지시*를 내리는 것이었습니다. 이제 보석을 쥔 손에서 쥐*가 날 정도였어요.

반복
되풀이함.

지시
어떤 일에 대해 일러서 시킴.

쥐
몸의 한 부분에 경련이 일어나 그 기능을 일시적으로 잃는 현상

一週日일주일이 지나자 청년은 도저히 입을 다물고 하루를 보낼 수가 없었습니다. 몇 번이나 망설인 끝에 청년은 조심스레 스승에게 물었어요ask.

　　"선생님, 전 언제부터 배우게 됩니까?"

　　보석 전문가는 고개도 돌리지 않고 짧게 말했습니다.

　　"곧."

　　그러고는 바삐 자신의 일만 계속하는 것이었습니다.

　　'아, 선생님은 나를 제자로 삼고 싶지가 않으시구나.'

　청년은 크게 失望실망했습니다. 하루하루 아까운 시간을 낭비하는 것만 같아서 마음이 초조하고 우울했어요.
　'제자로 받아들이기 싫으면 그렇다고 말씀하실 일이지, 이렇게 時間시간만 낭비하게 만드는 건 옳지 못한 일이야.'
　열흘째 되는 날 아침, 보석 전문가가 똑같은 보석을 쥐어 주며 의자에 앉으라고 지시하자 청년은 도저히 憤怒분노를 참을 수가 없었습니다.
　"도대체 언제까지 이러실 건가요?"
　화를 참지 못한 청년이 보석을 집어던지려는 순간, 청년은 자신도 모르게 이렇게 소리쳤습니다shout.
　"어? 이건 지금까지의 그 보석이 아니잖아요!"

아, 이제야 겨우! 135

청년의 말에 스승이 빙긋 웃으며 말했습니다.

"흠, 이제야 조금 배우기 **始作**시작했군."

"네?"

"모든 것은 스스로 깨우쳐 나가는 법이거든. 노력해서 시간과 땀을 들이면 그만큼 알게 된다네."

> 실력
> 실제로 갖춘 능력

훌륭한 스승 아래에서 배우면 절로 실력이 생길 거라고 생각했던 청년은 자기의 생각이 잘못되었다는 것을 깨달았습니다.

'이제 서두르지 않겠다. 하나하나 차근차근 배워 나가야지.'

공부study는 가르치는 사람이 숟가락으로 음식을 떠서 먹여 주는 대로 되는 것이 아닙니다. 어떤 **秘法**비법도 없고 비결도 없지요. 한 걸음, 한 걸음 노력으로 배우고 익혀서 자기의 머릿속에 쌓아 나가야 합니다.

하루아침에 얻을 수 있는 지식은 없습니다. 배움에는 길고 긴 인내의 시간이 필요합니다. 배우고 익히고 적용하는 배움의 과정은 시간을 먹이로 하여 성장하는 것이기 때문이지요.

짧은 시간에 족집게 과외로 외운 지식은 목표했던 시험이 끝나면 머릿속에서 주르르 빠져나가고 맙니다. 시험을 위한 지식이었으니 시험이 끝나면 훨훨 날아가 버리는 것이지요.

그리고 땀을 흘리지 않고 얻은 지식은 가치 있게 사용하지도 못합니다. 힘들게 공부한 사람만이 자기가 배운 지식으로 이웃을 살리고 사람을 살리는 일을 할 수 있는 거예요. 벼락치기 공부보다는 언제나 한결같이 성실하게 배워 나가는 학습 습관이 중요합니다.

:: 불행은 친구가 아닌 자를 가려 준다.
−아리스토텔레스

아리스토텔레스 (기원전 384~322)

그리스 철학자예요. 스승인 플라톤에게서 많은 영향을 받았지요. 장년기를 지나면서 자기만의 독자적인 체계를 세워 나가기 시작했어요. 그에 의해 철학은 학문으로서의 확고한 방법적 기초를 갖게 되었고, 이것에 의해 그리스 철학의 여러 요소가 종합되어 훗날 '학문으로서의 철학'의 지표가 마련되었답니다. 스콜라 철학 등 후세의 학문에 큰 영향을 끼쳤어요.

아닌 밤중에 홍두깨라더니!

어명
임금님의 명령

어느 날, 한 젊은이에게 하늘이 무너지는 듯한 무서운 일이 생겼습니다. 임금님의 궁전에서 사람이 나오더니 御命어명*을 전하는 것이었어요.

"즉시 어명을 받으라!"

젊은이는 새파랗게 질린 채 무릎knee을 꿇고 앉았습니다.

"너는 내일tomorrow 아침 서둘러 대궐로 들어오라. 이 명령을 어기면 큰 벌을 내리겠노라."

"잘 알겠습니다."

젊은이는 관리가 시키는 대로 땅에 이마forehead가 닿도록 머리를 숙인 채 말했습니다.

관리들이 돌아간 다음 젊은이는 집house 안을 서성거리며 생각에 잠겼습니다.

서성거리다
한곳에 있지 않고 자꾸 왔다 갔다 하다.

'아닌 밤중에 홍두깨라더니, 어떻게 이런 일이? 임금님이 나 같은 平凡평범한 사람을 직접 부르시다니! 내가 무슨 잘못이라도 저질렀나? 혹시 나도 모르는 사이에 나라에 큰 손해를 끼친 것은 아닐까? 아, 정말 심장heart이 타는 것 같구나. 이 일을 대체 어쩌면 좋단 말인가!'

아닌 밤중에 홍두깨
별안간 엉뚱한 말이나 행동을 함.

손해
해를 입음.

젊은이는 혼자서alone 대궐에 들어가는 일이 너무 겁이 났습니다. 유명한 사람도 아니고 평범하게 사는 젊은이에 지나지 않는데 하늘sky 같은 대궐에 불려 갈 일이 있을 리가 없지요. 분명히 큰 일이 난 것입니다.

'누가 나를 모함한 것이 分明분명한데……. 두렵다고 해서 안 갈 수는 없지. 안 가면 軍人군인들이 와서 당장 날 잡아갈 거야.

모함하다
나쁜 꾀를 써서 남을 어려움에 빠뜨리다.

아닌 밤중에 홍두깨라더니! 139

임금님이 命令명령을 어긴 사람을 그냥 두시겠어? 벌에 벌을 더 얹어서 받게 되겠지. 가자니 다리leg가 벌벌 떨리게 무섭고, 안 가자니 더 무섭고, 살다 보니 이런 일도 다 있구나.'

두 손으로 머리를 감싼 채 끝없이 괴로워하던 젊은이에게 불쑥 좋은 생각이 떠올랐습니다.

'아, 그래! 내겐 친한 친구friend들이 있지. 왜 그 생각을 못 했을까? 친구랑 같이 가면 덜 무섭고, 또 그 친구들은 나를 잘 아니까 어떤 모함이 있더라도 힘껏 나를 변호*해 줄 거야. 내 친구들은 나와 피를 나눈 兄弟형제나 다름없으니까 분명히 나를 도와주겠지.'

변호하다
남에게 이롭도록 변명하고 감싸서 도와주다.

젊은이의 머릿속에 즉시 세 친구의 얼굴이 떠올랐습니다. 첫 번째first 친구는 젊은이가 세상에서 둘도 없이 소중하게 생각하는 친구였어요. 두 번째 친구 역시 젊은이가 믿고 의지하는* 친구였지만 첫 번째 친구만큼은 아니었지요. 그리고 세 번째 친구는 친하게 지내기는 했지만 별로 소중하게 생각되지는 않았습니다.

의지하다
남에게 마음을 기대어 도움을 받다.

'일단 가장 믿을 수 있는 첫 번째 친구에게 가 보자.'

젊은이는 하얗게 질린 얼굴로 첫 번째 친구를 찾아갔습니다.

"아니, 웬일이야? 이 밤중에?"

첫 번째 친구는 반가워하며 젊은이를 맞아 주었습니다. 급한 마음에 젊은이는 따발총을 쏘듯이 말을 쏟아 놓았어요.

"큰일 났네, 친구. 임금님이 내일 아침 일찍 대궐로 들어오지 않으면 큰 벌punishment을 내리시겠다지 뭔가? 무슨 일인지 난 도무지 감이 잡히지 않아. 가긴 가야겠는데 나 혼자서는 무서워서 발걸음이 떨어지지 않아. 생각만 해도 머리head가 깨질 것 같고 죽을 것만 같아. 그러니 所重소중한 친구여, 나와 함께 좀 가 주지 않겠나?"

그러자 첫 번째 친구는 얼굴에서 웃음을 거두며 말했습니다. 지금까지 반기던 모습은 다 사라지고 싸늘한 빛마저 감돌았어요.

"어쩌나? 같이 갈 수가 없네."

"어? 그런가?"

"하필 급한 일이 생겼지 뭔가. 마침 거기에 나가려고 準備준비를 하고 있던 중이라 함께 가 줄 수가 없네."

젊은이의 얼굴에 크게 失望실망의 빛이 어렸습니다. 금세 울음이 터져 나올 것 같은 얼굴이 되었어요. 그러나 가장 친한 친구가 그렇게 말할 때는 그럴 만한 충분한 事情사정이 있을 것이라고 생각했습니다. 평소에 그만큼 친했던 친구니까요.

따발총
탄창이 똬리 모양으로 둥글납작한 기관 단총을 속되게 이르는 말. 말이 많거나 빠른 경우를 빗대어 이르기도 함.

감돌다
어떤 기운이 가득 차서 떠돌다.

실망
희망을 잃음.

아닌 밤중에 홍두깨라더니! 141

"아, 그런가? 어쩌겠나, 미리 정해 놓은 중요한 약속이면 거기 가야지. 다른 친구에게 부탁하면 되니 걱정하지 말게."

"그럼 어서 가 보게나."

젊은이는 어두워진 얼굴로 두 번째 친구를 찾아가서 부탁했습니다. 自信感 자신감이 많이 떨어진 풀이 죽은 목소리였어요.

"친구, 나랑 같이 대궐에 가 줄 수 있겠나?"

두 번째 친구는 잠시 팔짱을 끼고 생각하더니 생색을 내듯 어깨를 한 번 으쓱해 보이며 말했습니다.

"친구, 가 주긴 하겠네. 친구인데 그 정도는 해야지. 그런데 미안하네만 대궐 앞까지만 함께 가겠네. 왜냐하면 어명이란 정말 무서운 것이 아닌가. 임금님께서 자네 혼자만 들어오라고 하셨는데 같이 갔다가 나도 함께 벌을 받는 境遇 경우가 생기지 말라는 법도 없으니까 조심하는 것이 낫겠네. 임금님의 명령을 어기는 일은 하지 않는 게 지혜로운 일이 아니겠나."

두 번째 친구 역시 잔뜩 겁을 먹은 表情표정이었습니다.

"아, 그런가?"

젊은이의 실망은 대단히 컸습니다. 家族가족과 다름없이 소중하게 생각하던 두 친구에게 배신을 당한 듯한 마음이 들었거든요. 마음이 허전해지면서 눈물tear이 쏟아지려고 했습니다.

"다시 연락하겠네. 너무 걱정 말게."

마지막으로 젊은이는 지친 걸음으로 세 번째third 친구를 찾아갔습니다. 自信자신도 없고 마음이 무거웠지요. 가장 친하다고 믿었던 두 친구가 거절했는데 별로 친하지도 않은 세 번째 친구가 그 위험한dangerous 대궐 길에 같이 가 줄 것 같지 않았어요.

'헛걸음을 할 게 뻔한데 내가 왜 가고 있지? 그냥 돌아갈까?'

갈등
마음속에 두 가지 이상의 욕구 등이 동시에 일어나 갈피를 못 잡고 괴로워하는 상태

젊은이는 마음에 큰 갈등을 느꼈습니다. 그러나 이대로 돌아서기에는 너무나 무서웠어요.

'아, 내가 그렇게 사랑하고 의지하고 내 목숨life이라도 나눠 주고 싶었던 친구들인데……. 혼자 갈까? 그래도 혹시…….'

고개를 숙이는 젊은이의 눈에서 눈물이 뚝뚝 떨어졌습니다.

'일단 가 보자. 안 되면 마음을 굳게 먹고 혼자 가자. 죄crime를 지었다면 벌을 받는 것이 당연하지 않겠는가.'

그렇게 마음을 정하자 젊은이의 얼굴이 조금 밝아졌습니다.

세 번째 친구 역시 젊은이를 반갑게 맞아 주었어요.

"그동안 바빠서 자주 連絡연락 못했네."

"그런 줄 알았어. 이제라도 찾아와 주니 고맙네."

"사실은 부탁이 있어서 왔다네."

이유
어떤 일의 까닭

젊은이는 그 자리에서 찾아온 理由이유를 털어놓았습니다.

"큰일 났네. 임금님께서 내일 아침 일찍early 대궐로 들어오라고 하셨네. 아마도 큰 벌을 받게 될지도 모르겠어. 도저히 무서워서 발걸음이 떨어지지가 않아. 나하고 같이 좀 가 주겠나?"

젊은이의 말이 끝나기도 전에 세 번째 친구가 젊은이의 손hand을 꼭 잡으며 말했습니다.

"가 주고말고!"

젊은이의 눈이 크게 떠졌습니다.

"정말인가? 가 주겠다고? 그 危險위험한 대궐에?"

"뭐가 문제인가? 우린 가까운 친구 사이인데, 그 정도 수고야 못하겠나? 아무 걱정 말게나. 난 자네를 뼛속 깊이 알고 있는 친구가 아닌가. 자네가 몹쓸 모함을 받았다면 내 목숨을 걸고라도 자네에게 죄가 없다는 것을 證明증명해 보이겠네."

증명하다 어떤 일에 대해 그것이 사실인지 증거를 들어 밝히다.

안도 어떤 일이 잘 진행되어 마음을 놓음.

세 번째 친구의 말을 듣는 젊은이의 얼굴에 비로소 안도의 빛이 어렸습니다.

"고맙네. 그동안 모르고 있었네. 자네야말로 나의 眞正진정한 친구일세."

젊은이는 눈물을 글썽이며 두 손으로 세 번째 친구의 손을 꽉 잡았습니다.

여러분은 친한 친구가 몇 명이나 있나요? 여러분에게 힘들고 어려운 일이 생겼을 때 자기 일처럼 발 벗고 나서서 도와줄 진정한 친구 말이에요.

작은 손해에도 먼지처럼 훨훨 날아가 버릴 친구는 친한 친구라고 할 수 없어요. 좋을 때 즐거움을 함께 나눌 수 있는 친구도 소중하지만, 힘들고 어려울 때 격려해 주고 힘을 주는 친구야말로 진짜 친구랍니다.

친구가 나쁜 길로 들어설 때 충고해 줄 수 있는 친구, 언제나 든든한 울타리와 같이 믿음을 주는 친구를 가지려면 나 역시 그런 친구가 되어 줘야 한다는 것을 잊으면 안 되겠지요?

49칸 퍼즐

★ 이 책에 나오는 위인들로 49칸 퍼즐을 만들었어요. 책을 찾아보면서 빈칸을 채워 보세요.

[가로열쇠]

① 독일에서 태어나 미국에서 활동한 이론 물리학자예요. '특수 상대성 원리', '일반 상대성 원리' 등으로 유명하지요.
② 고대 그리스의 수학자예요. 〈기하학 원론〉으로 널리 알려졌어요.
③ 러시아의 소설가예요. 대표작으로 〈죄와 벌〉이 있어요.
④ 프랑스의 황제예요. "내 사전에 불가능이란 말은 없다."는 말을 남겼어요.
⑤ 남북 전쟁 이후 큰 인기를 얻은 미국의 유머 작가예요. 소박한 경구, 동물 묘사에 뛰어난 재능을 보였다고 해요.
⑥ 전 세계적으로 읽히는 〈○○ 우화〉의 지은이예요. 처음에는 노예였대요.

[세로열쇠]

① 그리스의 철학자예요. 소크라테스, 플라톤과 함께 그리스의 위대한 세 명의 인물로 꼽혀요.
⑥ 임진왜란 때 큰 공을 세운 조선의 장군이에요. 거북선을 만들고, 〈난중일기〉를 남겼어요.

※정답은 182쪽에 있습니다.

:: 너 자신을 알라. —소크라테스

 **소크라테스** (기원전 470?~399)

고대 그리스의 철학자예요. 플라톤, 아리스토텔레스와 더불어 고대 그리스의 위대한 세 인물로 꼽히지요. 소크라테스는 자신이 무지를 깨닫고 있기 때문에 다른 사람보다 더 현명하다고 생각했답니다. 온갖 협박에도 자신의 의견을 꺾지 않는 용기를 보여주었고, 사실과 다른 판결로 인한 사형 선고였지만 "악법도 법이다."라고 말하고 독배를 마셨어요.

어이쿠, 창피해

 장원
과거 시험에서 가장 좋은 성적을 받아 첫째로 합격한 사람

 "어이, 길을 비키거라! 壯元장원* 행차시다!"
병사들의 활기찬 목소리가 조용한 마을을 휘젓고 있었습니다.
"어? 뭐야? 장원이라고?"

 급제
과거 시험에 합격함.

 어사화
조선 시대에 임금이 과거 시험에 합격한 사람에게 내리던 종이꽃

옛날에는 과거 시험에 장원 급제를 하면 머리에 어사화*를 꽂고 말horse에 올라 서울 市內시내를 두루 보이며 돌아다녔거든요.

148 사랑과 용기가 가득한 슬기 이야기

알록달록한 깃발을 휘날리며 장원 급제 행렬이 지나갈 때면 일하던 사람들도 일손을 놓고 길에 나와 구경을 했습니다.

　멋진 말을 탄 장원이 싱글벙글 입을 다물지 못하고 마을 市場시장 어귀에 들어섰습니다. 힘든 工夫공부를 마치고 장원 급제를 했으니 입이 다물어지지 않는 게 당연하지요.

　"아유, 장원의 父母부모님은 얼마나 기쁠까? 인제 어깨 펴고 살게 되었으니 말이야."

　"벼슬길에 올랐으니 이제 좋은 일만 있겠군. 부러워 죽겠네."

　사람들은 부러워하며 길을 비켜 주었습니다.

　그런데 몸집이 健壯건장한 한 나무꾼이 장원의 행렬에도 전혀 길을 비킬 생각을 하지 않았습니다. 오히려 당당하게 앞으로 걸어 나오는 게 아니겠어요!

　"네 이놈! 썩 비키지 못할까! 감히 어느 앞이라고! 새 장원이 오시는 것도 못 봤단 말이냐?"

건장하다
튼튼하고 굳세다.

행렬
여럿이 줄을 지어 감.

어이쿠, 창피해

콧방귀를 뀌다
못마땅하여 남의 말을 들은 체 만 체 하며 말대꾸를 하지 않다.

끼니
아침, 점심, 저녁처럼 날마다 일정한 시간에 밥을 먹는 일

서당
예전에 동네 아이들에게 한문을 가르치던 집

배짱
조금도 굽히지 않고 버티는 태도

兵士병사가 나무꾼에게 호통을 치며 내쫓으려고 했습니다. 그러자 나무꾼이 대수롭지 않다는 듯 콧방귀를 뀌며 말했어요.

"소란 좀 떨지 마십시오. 새 장원이 뭐 그리 대단하다고 이 야단이십니까? 나 역시 우리 부모님parents이 끼니가 어렵도록 가난하지만 않았으면 서당 공부 잘해서 너끈히 장원이 되고도 남았을 거요. 나도 저 장원 정도는 되는 사람이란 말이오!"

너무나 당당하게 나무꾼이 대답하자 말 위에 앉아 있던 장원은 好奇心호기심이 생겼습니다.

"배짱 한번 두둑하군요. 당신은 어떤 재주skill가 있어서 그렇게 자신만만한 것이오? 어디 한번 보여 주오."

나무꾼은 시원하게 대답하였습니다.

"좋습니다. 보여 드리지요. 저는 나무꾼이니까 다른 재주는 없고, 단번에 나무tree를 쪼개는 재주가 있습니다. 어떤 나무든지 요구대로 정확히 쪼갤 수 있지요."

"그렇소? 그럼 당장 해 보시오."

장원은 나무토막 하나를 가져오게 해서, 나무토막 가운데에다 검은 줄line을 하나 그었습니다. 그러고는 나무꾼에게 그 줄대로 쪼개어 보라고 했지요.

"흠."

나무꾼은 잠깐 나무토막을 쳐다보더니, 천천히 도끼ax를 높이 들어 "얏!" 하고 내리쳤습니다. 그 瞬間순간, 나무토막이 줄을 따라 양쪽으로 쫙 갈라졌어요.

"세상에! 정말 대단하오."

"어쩜 이리 반듯하게 쪼갠단 말이오."

구경하던 사람들이 혀tongue를 내두르면서 힘껏 박수를 보냈습니다. 장원도 무척 놀랐지요. 그런데 한쪽에서 구경하던 사람들 가운데 허름한 옷을 입은 기름oil 장수가 시답잖다*는 목소리로 끼어들었습니다.

시답잖다
볼품이 없어 만족스럽지 못하다.

"그 정도 재주에 그렇게 놀라십니까? 제 눈eye에는 별로 대단치도 않습니다만······."

놀란 장원이 기름 장수에게 고개를 돌리며 말했습니다.

"그렇게 말하는 당신은 도대체 어떤 재주가 있소? 당신의 재주를 보여 주시오."

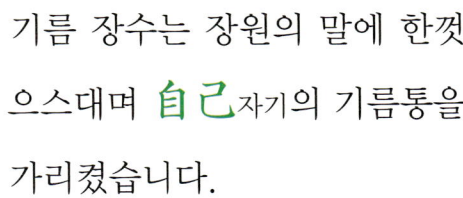

기름 장수는 장원의 말에 한껏 으스대며 自己자기의 기름통을 가리켰습니다.

"저는 기름 장수입니다. 기름을 팔 때에 저울을 쓰지 않고도 눈대중만으로도 정확히 따라 줄 수 있답니다."

"호, 그래요? 그럼 半반 말만 따라 보시오."

"그러지요."

기름 장수는 주머니 속에서 가운데 구멍이 뚫린 엽전 하나one를 꺼냈습니다. 엽전을 병 주둥이 위에 올려놓더니 커다란 기름통을 기울여 엽전 구멍으로 기름을 흘려 부었지요. 잠시 후, 따라 놓은 기름을 보니 정확히 반 말이었습니다.

"와, 정말 반 말이다!"

"어쩜 엽전 구멍으로 기름을 흘려 부을 수 있지요?"

구경꾼들은 박수를 치며 기름 장수의 재주를 稱讚칭찬했습니다. 그러자 이번에는 기름 장수 바로 옆에서 구경하던 아낙네 한 사람이 입을 쑥 내밀며 말했어요.

 눈대중
눈으로 보고 어림잡아 헤아림.

말
곡식, 액체, 가루 등의 부피를 재는 단위. 한 되의 열 배이다.

엽전
놋쇠로 만든 옛날 돈

아낙네
남의 집 부녀자

"아유, 平生평생 동안 기름만 팔았으니 익숙해져 그렇죠, 뭐. 별로 대단하다는 생각은 안 드네요."

얌전해 보이는 시골 농부의 아낙네가 큰소리를 뻥뻥 치는 것을 보자 장원은 더욱 놀랐습니다.

"그럼 婦人부인도 무슨 재주가 있습니까?"

"네, 물론이지요. 재주 없는 사람이 이 세상에 어디 있나요? 다 한두 개씩은 뛰어난 재주를 갖고 있지요. 나는 집에서 살림만 하는 사람이라 글도 못 쓰고 힘도 없지만 집안일housework이라면 어느 누구한테도 빠지지 않지요!"

"우리에게 어떤 재주를 보여 주시려오?"

"한 바가지의 쌀rice과 한 바가지의 좁쌀을 섞은 다음 *키로 나누어 보겠습니다."

아낙네는 쌀과 좁쌀과 키를 가져온 다음, 키에다 쌀과 좁쌀을 한데 부어 두 손으로 키를 잡고 치기 시작했습니다. 몇 번을 치지도 않아서 쌀과 좁쌀이 둘로 나누어졌어요.

"이야, 이럴 수가!"

키
위아래로 흔들어 곡식의 티를 골라내는 도구

감탄하다
감동하여 탄복하다.

장원의 입에서 感歎감탄하는 말이 터져 나왔습니다.

"벼는 익으면 고개를 숙이는 법인데, 제가 부족한 사람입니다. 저만 장원인 줄 알고 뽐내고 돌아다닌 것을 용서해 주십시오. 알고 보니 어디에나 다 장원이 있군요. 그리고 모두 다 장원들이시군요. 그런데도 모두들 묵묵히 겸손하게 일하시는데 시끄럽게 북drum을 두들기며 소란을 피우고 다녔으니 부끄럽기 짝이 없습니다."

소란
시끄럽고 어수선함.

장원은 말을 마친 후 조용히 말에서 내렸어요. 그리고 허리를 숙여 모여 있는 사람들에게 절을 한 후에 걸어서 집으로 돌아갔지요. 그날 이후로 장원은 모든 사람을 자기보다 낫게 여기면서 겸손한 官吏관리로서 평생을 살았답니다.

관리
관직에 있어 나랏일을 하는 사람

콕콕 Point

불가능하다고 생각되었던 눈 쌓인 알프스 산을 군대를 이끌고 넘었던 나폴레옹이나 알렉산더 대왕, 칭기즈 칸처럼 드넓은 땅을 정복해야 영웅일까요? 아니에요. 주어진 자기의 분수를 지키며 성실하게 살아가는 사람들이야말로 생활 속의 진짜 영웅들이에요. 우리가 소망하는 아름다운 사회는 이러한 진짜 영웅들이 모여 이루어지는 것이니까요.

공장에서 물건을 만들어 내는 산업 일꾼들, 학교에서 열심히 공부하는 학생들, 열과 성을 다해 학생을 가르치는 선생님, 분단된 조국을 지키기 위해 군대에서 밤에도 잠들지 못하는 군인들, 알뜰하게 살림을 하는 가정 주부들이야말로 진정한 영웅이지요. 정직하고 성실하게 살아가는 모든 사람들이 최고라는 것을 기억하세요.

:: 고기가 탐나거든 그물을 짜라.
―힐티

힐티 (1833~1909)
스위스의 사상가·법학자·정치가예요. 독일의 괴팅겐, 하이델베르크 대학에서 법률학과 철학을 공부했지요. 유능하고 정의감 있는 변호사로 큰 존경과 신뢰를 받았어요. 정직한 사람들을 보호하기 위해 보수를 받지 않거나 매우 싼 보수로 일하는 것을 원칙으로 삼았고, 도덕적으로 부정한 사건은 일절 맡지 않았어요. 그의 저서 〈행복론〉〈잠 못 이루는 밤을 위하여〉는 세계 여러 언어로 번역되어 널리 읽힌답니다.

내 며느릿감은 내 손으로

어느 마을에 結婚결혼할 나이가 된 외아들을 둔 부자가 살았습니다. 그 부자는 돈이 많기로 소문이 나 있었습니다.

'셋도 아니고, 둘도 아니고, 단 하나뿐인 아들인데……. 며느리가 잘못 들어오는 날에는 우리 집안은 그야말로 끝장* 아닌가.'

자나깨나 부자는 새로 들일 食口식구에 대한 걱정뿐이었어요.

끝장
일의 마지막

사실 꽤 이름을 떨치던 어떤 부잣집도 며느리를 잘못 들여 몇 해 안 가서 폭삭 망했다는 소문을 들은 적이 있었기 때문에 그 걱정이 더욱 컸습니다. 그렇다고 해서 외아들을 총각으로 늙으라고 할 수는 없는 일 아니겠습니까.

'人物인물이 뛰어나게 곱지 않아도 되고, 재산이 없어도 된다. 내가 모아 놓은 재산을 축내지 않고 알뜰하게 지켜 낼 수 있으면 좋으련만…. 어디 그런 영리하고도 참한 며느리가 없을까?'

궁리를 하던 끝에 부자는 좋은 생각이 떠올랐습니다.

'내 손으로 며느릿감을 직접 테스트해test 보면 되지 않겠는가? 그게 법으로 禁止금지되어 있는 것도 아니니 한번 해 보자.'

부자는 서둘러서 자기 집 앞에 따로 작은 집 한 채를 지었습니다. 며느릿감을 테스트할 장소였지요.

"가문이나 재산은 전혀 상관없네. 이 집에서 한 달만 살아 내면 우리 집 며느리가 되는 걸세."

워낙 所聞소문난 부잣집이었기 때문에 지원하는 아가씨들이 많았습니다.

'꼭 이 집 며느리가 되어 호강하며 살아야지.'

정말 굳은 覺悟각오로 온 아가씨들도 많았지요.

그런데 문제는 식량이었습니다. 그 집에서 한 달 동안 生活생활하며 먹을 식량이라고 주는 것이 겨우 쌀rice 한 말과 잡곡 한 말이었거든요.

'원, 세상에! 반찬이라고 신 김치 조금과 간장soy sauce 한 종지뿐이라니!'

그것도 아가씨 혼자 먹는 것이 아니었습니다. 그 집에는 며느릿감을 도와주는 할멈까지 있었기 때문에 두 사람이 먹을 糧食양식이었어요. 대충 잡아 보아도 어림없는 分量분량이었지요. 그것으로 두 사람이 먹고살다가는 굶어 죽기 딱 알맞았습니다.

"아유, 포기할래요. 호강 좀 하려다가 시집도 가 보기 전에 굶어 죽고 말겠네요."

찾아왔다가 혀를 차면서 발길을 돌리는 사람도 많았습니다.

'이런 機會기회가 아니면 이런 부잣집 며느리가 어떻게 될 수 있겠어? 한 달만 죽었다 셈 치고 굶으면서 참아 봐야지.'

이렇게 독하게 마음먹고 그 집에 들어갔다가 며칠도 못 되어 소리도 없이 돌아가 버리는 아가씨도 있었습니다. 그 이야기story가 사람들의 입에서 입으로 전해지자 부자가 지독한 구두쇠라는 소문이 나 아예 지원하는 신부 후보의 발길도 딱 끊어지고 말았어요.

※ 종지
간장, 고추장 등을 담아서 상에 놓는 작은 그릇

※ 어림없다
도저히 될 가망이 없다.

※ 분량
수효의 많고 적음이나 부피의 크고 작은 정도

※ 구두쇠
돈을 쓰는 데 매우 인색한 사람

'이렇게도 지혜로운 아가씨가 없단 말인가? 이 難關난관을 뚫고 한 달을 살아 나갈 수 있는 아가씨가 없단 말인가?'

부자의 실망은 너무나 컸습니다.

몇 달이 지나서 다시 志願者지원자가 한 사람 찾아왔습니다. 건넛마을에 사는 가난한 집의 아가씨였어요.

"아유, 어서 오세요. 혼자서 집 지키느라고 죽을 뻔했수."

할멈이 오랜만에 온 손님을 반갑게 맞아 주었습니다.

"네, 잘 부탁드릴게요."

아가씨는 집에 들어오자마자 옷소매를 걷어붙이고 淸掃청소를 하기 시작했습니다.

반질반질하게 집 안을 청소하고 나니 저녁 무렵이 되었어요.

"할멈, 청소를 한바탕했더니 배가 고프네요 hungry. 우리 저녁을 넉넉히 지어 먹기로 해요."

할멈이 걱정스러운 표정으로 말했습니다.

"아씨, 食糧식량이 넉넉하지 않은뎁쇼? 아껴 먹어야지요."

"걱정 말아요. 식량이 떨어지면 밥벌이를 하면 되지 않겠어요?"

그날 저녁, 두 사람은 밥을 배불리 먹고 단잠에 들었습니다. 배가 부르니 꿀honey 같은 잠이 찾아왔지요.

난관 일을 하면서 부딪치는 어려운 고비

지원자 어떤 일에 뜻을 두어 한 구성원이 되기를 바라는 사람

한바탕하다 어떤 일을 크게 한 번 벌이다.

밥벌이 먹고살기 위해 하는 일

단잠 아주 만족스럽게 곤히 자는 잠

다음 날 아침 일찍 일어난 처녀는 또 밥을 지어 할멈과 함께 배불리 먹었습니다. 그러더니 처녀가 할멈에게 말하였어요.

"아침을 먹었으니 인제 일을 해야지요?"

"네? 아가씨가 무슨 일을 해요?"

"네, 제가 동네에 나갈 수 없는 처지이니 할멈이 대신 나가서 일거리 좀 구해 오세요."

"어떤 일을요?"

"저는 가난한 집안의 큰딸로 태어나 많은 일을 해 왔어요. 바느질이나 빨래wash도 괜찮아요. 물레질이나 길쌈도 할 줄 알고요, 밭매기나 음식 장만도 잘한답니다. 할멈 體面체면 상하지 않게 잘할 테니 걱정 말고 많이 구해 오세요."

"아, 그래요? 그럼 제가 얼른 한 바퀴 돌아올게요."

아가씨의 말을 듣고 신이 난 할멈은 잽싸게 동네에 나가서 갖가지 일거리를 맡아 왔습니다.

*물레질
물레를 돌리어 실을 뽑아내는 일

*길쌈
실을 내어 옷감을 짜는 모든 일

*체면
남을 대하는 면목

아가씨는 정말 일을 잘했습니다. 어찌나 손hand이 빠른지 일을 쓱쓱 해치우는 것이었어요. 또 옷 짓는 솜씨는 놀라울 정도여서 어려운 男子남자들의 도포* 옷까지도 거뜬히 지어 냈습니다.

"이런! 남자의 도포는 정말 까다로운데 솜씨가 참 대단하우."

그러자 아가씨의 일솜씨가 좋다는 소문이 났습니다. 한 번 일거리를 준 사람은 일거리를 들고 직접 찾아와 맡길 정도였지요.

도포
예전에 보통 때의 예복으로 입던 남자의 겉옷

"아가씨, 미안하지만 내 옷부터 만들어 줘요. 다른 사람들보다 돈을 조금 더 줄게요."

새 일거리가 자꾸 몰려들고, 품삯이 계속 들어오니 아가씨와 할멈은 언제나 풍성한 食事식사를 할 수 있었습니다.

精神정신없이 바쁘게 일하며 지내는 동안 한 달이 흘렀습니다. 창고에는 아가씨가 일한 품삯으로 받은 쌀과 잡곡, 땔나무가 그득그득 쌓여 갔습니다. 그것만으로도 몇 달은 더 살 수 있을 정도였지요. 집 안 역시 부지런한 아가씨가 늘 쓸고 닦아 마루floor에도 반들반들 윤이 났습니다.

부자는 자못 滿足만족스러웠습니다.

'됐다! 내가 그렇게도 기다렸던 며느릿감이로구나!'

부자는 아들의 結婚式결혼식을 서둘러 올려 주었습니다. 그리고 가난한 살림살이에도 마음에 쏙 드는 며느리를 잘 키워 준 친정집에도 넉넉한 논밭을 마련해 주었지요.

돈money보다도 지혜로운 사람의 됨됨이를 원했던 부자는 좋은 며느리를 맞을 수 있었습니다. 그리고 어려운 테스트에 합격한 며느리는 남편은 물론 시부모의 사랑love 속에서 집안을 더욱 잘 이끌어 나갔답니다.

품삯
품을 판 대가로 받는 돈이나 물건

우리는 자기와 가까운 사람일수록 이성적으로 대하지 못하고 감정적으로 대하기 쉽습니다. 어머니가 자식에게 쏟는 무조건적인 사랑, 해 달라는 것은 다 해 줘야만 마음이 풀리는 사랑은 참다운 사랑이 아니지요.

부자는 참으로 지혜로운 사람입니다. 외모, 가문, 재산 등의 조건을 따지기보다는 아들을 도와 집안 살림을 잘 꾸려 나갈 현명한 며느리를 찾았으니까요.

미래를 내다보고 길을 열어 주는 것이 진정으로 자식을 위해 주는 일입니다. 매일매일 자녀의 숙제를 해 주는 것보다 스스로 숙제를 할 수 있는 방법을 찾아 주고 그 능력을 지니도록 가르쳐 주는 것이 적극적으로 잘 생활할 수 있도록 하는 길이랍니다.

:: 아는 것이 힘이다.
— 베이컨

who? 베이컨 (1561~1626)

영국의 철학자이자 정치가예요. '경험론'의 대표적인 철학자로서 인간에게 힘을 부여하는 지식은 '과학적 지식'이며, 우리가 과학적 지식을 추구해 나가기 위해서는 네 가지 우상(종족의 우상, 동굴의 우상, 시장의 우상, 극장의 우상)을 극복해야 한다고 주장했어요. 오늘날까지 전해지는 많은 명언과 명구를 남겼고요, 저서에 〈노붐 오르가눔〉 〈수상록〉 등이 있답니다.

그 재산이 무엇이오?

최고급
가장 높은 등급

유람선
손님을 태우고 다니며 여기저기 구경하는 배

이익
도움이 됨.

한 폭의 그림같이 아름다운 바다 위를 큰 배가 느긋하게 달리고 있었습니다. 그 배는 최고급 遊覽船유람선이었기 때문에 승객들은 모두 다 이름난 부자들이었지요.

여기저기에서 자기소개를 하는 목소리voice들이 들려왔습니다. 이런 高級고급 배를 탈 수 있는 높은 身分신분의 사람들은 많이 사귀어 둘수록 이익이니까요.

"만나 뵙게 되어 榮光영광입니다. 나는 이런 사람입니다."

말로는 영광이지만 절대로 눌리지 않는다는 꼿꼿한 눈빛이었어요. 서로서로 명함business card을 나누며 부와 명예를 자랑하느라 바쁘기 짝이 없었습니다.

그런데 그러거나 말거나 한쪽에 앉아 책book을 보고 있는 사람이 있었습니다. 그는 랍비였어요. 검소한 차림의 랍비는 부자들의 이야기에 끼어들 생각이 없는지 묵묵히 책만 보았습니다.

지중해의 섬island을 몇 개 사들였다는 부자가 랍비에게 다가가서 물었습니다.

"선생은 누구십니까? 자랑할 만한 財産재산이 없습니까?"

부자의 질문은 무척 교만했지만 랍비는 온화하게 미소 지으며 대답했습니다answer.

"재산이라면 저도 꽤 많이 있지요."

순간, 한껏 으스대던 부자들의 好奇心호기심 어린 눈길이 랍비에게로 쏟아졌습니다. 믿어지지 않는다는 표정들이었지요.

"네? 그래요? 별로 그럴 것 같아 보이지 않습니다만."

"현금이 많은가요? 금gold이 많은가요? 아니면 부동산으로 사 두었나요? 대체 재산이 얼마나 되오?"

"글쎄요, 허허. 아마도 이 배에 탄 모든 사람들 중에서 최고가 아닐까요. 도저히 計算계산이 안 되는 재산이니 말입니다."

"아니, 뭐라고요? 아니, 그렇게나 큰 부자라고요?"

랍비의 대답에 부자들의 눈이 둥그렇게 커졌습니다. 하늘sky을 찌를 듯 높던 목소리도 한풀 풀이 꺾였고요.

"수치로 공개할 수는 없지만 언젠가 분명히 알게 될 것입니다."

"흥! 공개할 수 없는 재산? 혹시 無一分무일푼 아니오?"

부자들은 속았다는 듯이 코웃음을 치며 빈정거렸습니다.

"당신의 차림새를 보시오. 절대로 부자일 리가 없소. 그러니 부자라는 허튼 거짓말lie은 그만하시오."

부자들의 비웃음에도 랍비는 그저 미소만 지을 뿐 아무런 대꾸도 하지 않았습니다.

배가 바다 한가운데로 들어섰을 때, 갑자기 四方사방에서 해적들이 몰려왔습니다.

"모두들 꼼짝하지 마라. 반항하면 당장 죽이겠다!"

배에 올라온 해적들은 긴 칼을 휘두르며 으르렁댔습니다. 해적들은 배 안에 있는 돈과 貴重品귀중품을 모조리 빼앗아 가 버렸어요. 부자들의 옷을 벗기고, 배의 기름마저 다 퍼 날랐습니다.

수치
계산하여 얻은 값

무일푼
돈이 한 푼도 없음.

빈정거리다
남을 비웃는 태도로 자꾸 놀리다.

해적
배를 타고 다니면서 재물을 빼앗는 도적

귀중품
귀하고 중요한 물건

기름이 떨어진 배는 더 이상 항해할 수 없어서 가까운 작은 섬에 닻을 내렸습니다. 오랫동안 굶주린 사람들은 氣運기운이 없어서 잘 걷지도 못했어요.

　"살 길이 막막하구나. 이 일을 어쩌면 좋단 말인가."

　사람들은 그야말로 거지꼴이었습니다.

　"구걸*을 해서라도 입mouth에 풀칠*을 해야 하지 않겠소? 이렇게 모여 있다가는 모두 다 굶어 죽고 말 것이오. 흩어져 살 길을 찾아봅시다."

　그러나 평소에 돈money이 많아 놀고먹으며 살던 사람들에게 특별한 技術기술이나 재주가 있을 리 없고, 할 줄 아는 것이 없으니 할 일이 있을 리가 없었지요.

　"일을 하고 싶다고요? 資格證자격증*이 없으면 몸으로 하는 궂은일밖에는 없습니다."

　"목구멍이 포도청이니 어쩌겠소. 그 일이라도 하겠소."

　부자들은 배에서 짐load을 날라 주는 짐꾼이나 남의 집 허드렛일을 해 주며 겨우 입에 풀칠을 했습니다.

　그러나 랍비는 배에서 내리자마자 곧바로 마을의 學校학교를 찾아갔습니다.

구걸 남에게 돈이나 물건을 거저 달라고 비는 일

풀칠 겨우 끼니를 이어 감.

자격증 일정한 자격을 인정하여 주는 증서

"무슨 일로 오셨는지요?"

"저는 랍비입니다. 학생student을 가르치고 싶습니다."

교장 선생님은 랍비와 대화를 나누면서 그의 해박한 지식을 알아보았어요.

"훌륭한 분을 뵙게 되어 영광입니다. 眞心진심으로 환영합니다. 얼마가 될지 모르지만, 머무르시는 동안 우리 학생들을 잘 가르쳐 주십시오."

해박하다
여러 방면으로 쌓은 지식이 넓다.

　랍비는 그날부터 사람들의 尊敬존경을 받으며 학생들을 가르치게 되었습니다.

"랍비님, 안녕하세요?"

"이것 좀 드셔 보세요, 랍비님."

　얼마 되지도 않아서 그곳 사람들은 모두 랍비를 존경하고 따랐습니다.

　몇 달 후, 거리street를 걷던 랍비는 함께 여행했던 부자들을 만났습니다. 호화로운 지난날의 모습은 찾아볼 길이 없었어요. 누더기* 차림에 비쩍 말라 있어서, 말하지 않아도 어떤 生活생활을 하고 있는지 금세 알 수 있었지요.

　부자들은 랍비를 보자 고개를 들지 못했습니다.

"부끄럽습니다, 랍비님. 선생의 말씀이 옳았습니다. 知識지식을 가진 것은 세상 모든 것을 가진 것과 다름이 없군요. 우리도 그것을 알았다면 얼마나 좋았을까요. 정말 後悔후회스러울 뿐입니다. 당신이야말로 가장 부자입니다."

누더기
여기저기 너저분하게 깁거나 덧붙인 헌 옷

이 세상에는 안전하다고 보장된 물건이 없습니다. 튼튼하게 지은 좋은 집도 불에 타면 까만 잿더미로 변하고, 홍수가 나면 흔적도 없이 물에 쓸려 가 버리기도 합니다. 값비싼 재물이나 돈뭉치도 도둑이 들어 훔쳐 가 버리면 사라지게 됩니다. 사업도 잘될 때가 있으면 망할 때도 있지요. 이 세상에 있는 모든 것은 있다가도 없어지게 되어 있습니다.

그러나 열심히 공부해서 쌓은 지식이나 배움은 결코 누가 훔쳐 갈 수 없습니다. 중간에 사라지거나 없어지지도 않지요. 그 사람이 죽을 때까지는 안전합니다. 그러므로 돈이나 재물을 얻으려고 하기보다는 안전한 지식을 쌓으려고 더 노력해야 합니다.

또한 그에 하나를 더한다면, 배우고 아는 것을 자기 혼자만 간직해서는 안 되겠지요. 아는 것을 함께 나누고 실천하는 것이 더욱 중요하답니다.

∷ 부(富)란 바닷물과도 같다. 마시면 마실수록 목이 마른다. —쇼펜하우어

who? 쇼펜하우어 (1788~1860)

독일 철학자예요. 부유한 은행가 집안에서 태어났지요. 어린 시절부터 영국과 프랑스 등 유럽 여러 나라를 여행했던 경험이 그의 세계관과 예술관에 영향을 주었어요. 1819년 31세의 나이에 〈의지와 표상으로서의 세계〉를 발표했으나, 당시에는 높은 평가를 받지 못했어요. 그러나 이 책으로 인하여 베를린 대학에서 가르치게 되었답니다. 작가였던 어머니 요한나와 사이가 나빴던 것이 평생 여성을 싫어하게 된 큰 원인이었다고 해요.

끝없이 욕심을 부리다가

옛날 어느 곳에 마음씨가 매우 고약한 富者부자가 살았습니다. 이 부자에게는 5년간 일한 새경을 한꺼번에 받기로 한 머슴이 있었지요.

"한 달 한 달 받으면 돈 쓰는 재미는 있겠지만 목돈은 못 모으는 법이야. 목돈을 모아야 집도 사고 장가도 갈 게 아니냐?"

 새경
머슴이 한 해 동안 일한 대가로 주인에게 받는 돈이나 물건

목돈
푼돈이 아닌, 한몫이 될 만한 많은 돈

주인어른
주인을 높여 부르는 말

"네, 알겠습니다, 주인어른."

머슴은 착하고 부지런했기 때문에 다른 집 하인의 두 몫을 일했습니다. 머슴이 온 후로 부자의 재산은 쑥쑥 불어났어요.

시간이 빠르게 흘러 어느덧 約束약속된 5년이 흘렀습니다.

'야, 인제 집house으로 돌아가게 되는구나. 그동안 힘들게 모은 돈으로 논밭을 장만하면 남부럽지 않게 살 수 있겠지.'

장만하다
필요한 것을 갖추다.

머슴은 너무나 마음이 설레어 잠도 잘 오지 않았습니다.

"주인어른, 이제 집으로 돌아가야겠습니다. 제 새경을 계산해 주시지요."

머슴의 말에 부자는 깜짝 놀랐습니다.

무정하다
다른 이의 사정에 아랑곳없다.

"어이쿠야, 歲月세월도 무정하다. 내가 얼른 계산해서 주마."

"감사합니다요."

그날 밤 부자는 머슴의 새경을 계산해 보았습니다. 그런데 돈이 생각보다 많았어요. 부자는 마음 한 귀퉁이가 떨어져 나가는 듯한 허전함을 느꼈습니다.

'아이고, 이 돈을 주고 나면 허전해서 어떻게 살까?'

5년이라는 긴 세월 동안 땀 흘리며 일한 머슴의 努力노력은 생각지 않고, 부자는 그저 돈이 아깝다는 생각만 들었습니다.

'이 많은 돈을 어떻게 주지 않을 방법이 없을까? 일단 줬다가 다시 빼앗을 순 없을까?'

그날부터 부자는 머리를 싸매고 窮理궁리하기 시작했습니다.

드디어 머슴이 떠나는 날 아침morning이 되었습니다.

"자, 여기 그동안의 새경이 있다. 맞는가 셈해 보아라. 찬찬히 헤아려 봐."

머슴은 부자가 주는 돈을 헤아려 보았습니다.

"헤헤, 500냥이 딱 맞습니다요, 주인어른!"

입이 함박만 하게 벌어진 머슴은 몇 번이나 절을 했어요. 그러고는 돈주머니를 단단히 보퉁이 속에 넣고 길을 떠났습니다.

저녁evening 무렵, 주막에 들른 머슴이 목을 축이고 있는데 작은 비단 주머니가 눈에 띄었습니다.

'누가 잃어버렸지?'

머슴이 무심코 비단 주머니를 열어 보니, 자그마치 돈이 1백 냥이나 들어 있는 게 아니에요?

'와, 이런 큰돈을 누가 잃어버렸을까? 지금쯤 얼마나 속상해하고 있을까. 남의 일 같지 않구나. 좀 돌아서 가더라도 관가에 들러 맡기고 가야겠다.'

관가
벼슬아치들이 나랏일을 보는 집

머슴은 비단 주머니를 자기의 보퉁이 속에 함께 넣었습니다. 그리고 관가에 가서 사또에게 事實사실대로 말했어요. 이때 머슴이 일하던 집의 부자가 잃어버린 돈을 申告신고하러 왔다며 관가에 들어왔습니다.

신고하다
국민이 나라의 행정 관청에 일정한 사실을 보고하다.

사또가 먼저 머슴에게 물었어요.

"주운 돈이 얼마인고?"

"네, 1백 냥입니다."

머슴은 보퉁이 속에서 비단 주머니를 꺼내 사또의 앞에 내놓았습니다.

사또가 이번에는 부자에게 물었어요.

"그대가 잃어버린 돈은 얼마인고?"

"네, 6백 냥입니다."

"그래? 이건 1백 냥짜린데?"

사또가 고개를 갸웃하자 부자가 재빨리 말했습니다.

"사또, 아무래도 저놈이 숨긴 것 같습니다. 보퉁이를 調査조사해 보면 분명 5백 냥이 더 나올 겁니다요."

사또는 머슴을 향해 엄하게 命令명령했습니다.

"나머지 보퉁이를 풀어 보아라."

머슴의 보퉁이 속에는 꽁꽁 싼 5백 냥이 들어 있었지요.

"사또, 이 돈은 제가 5년 동안 힘들게 일해서 모은 돈입니다."

너무 억울해서 눈이 붉어진 머슴이 울먹이며 말하자, 부자가 가로막으며 말했습니다.

"아닙니다. 이 돈은 제 돈입니다."

"흠."

잠시 생각하던 사또는 머슴에게 먼저 말했습니다.

"1백 냥을 잃었다는 주인이 나타나면 連絡연락할 터인즉, 그때까지 이 비단 주머니를 네가 보관하도록 하여라."

이 말을 듣자, 부자는 얼굴이 하얗게 변해 소리쳤습니다.

"아이고, 사또! 그 돈은 제 돈이라니까요. 비단 주머니는 제 것입니다!"

그러자 사또가 큰 목소리voice로 엄히 말했습니다.

"어허! 무슨 소리! 그대가 잃어버린 돈은 6백 냥이 아니오? 그러니 집에 가서 조금 기다려 보오. 곧 누군가 6백 냥짜리 주머니를 주워서 신고하지 않겠소?"

부자가 돌아가지 않고 머뭇거리자* 사또는 눈eye을 무섭게 치켜떴습니다.

"네 이놈! 그렇다면 거짓을 고했단 말이냐? 만일 法법을 가벼이 봤다면 곤장을 맞으리라!"

"네? 아, 아닙니다요. 가, 갑니다요!"

사또의 무서운 호통 소리에 반쯤 魂혼이 나간 부자는 걸음아 날 살려라 하고 정신없이 도망치고 말았답니다.

머뭇거리다
결정을 내려 행하지 못하고 주저하다.

곤장
예전에 죄인의 볼기를 치는 데 쓰던 형구. 길고 넓적한 모양.

하나를 얻으면 다른 하나를 갖고 싶어지는 마음이 든다고 하지요. 사람의 욕심은 정말 끝이 없는 것 같습니다.

그러므로 욕심에 브레이크를 거는 것이 매우 중요합니다. 마음을 잘 다스리면 욕심을 줄일 수 있거든요. 욕심대로 전부 채우려고 한다면 사람은 죽을 때까지 거지처럼 일하며 허겁지겁 살 수밖에 없을 거예요.

자기가 가진 것을 알뜰하게 사용하며 마음을 넉넉하게 가지면 작은 일에도 만족하고 소박한 행복을 누리며 살 수 있답니다. 억만장자 거지도 있고 열 푼 부자도 있을 수 있는 것이지요.

진짜 부자는 자기의 주머니를 채우기에 앞서 남을 생각하고 배려하는 사람이라는 것을 잊지 마세요.

초등학생을 위한 101가지 명언

명언이란 감동과 교훈을 주거나, 학문 등의 핵심 내용을 간결하고 명쾌하게 표현한 세계적인 위인·유명인의 발언이나 문장을 이릅니다. 그들의 특별하고 다양한 체험과 깊은 성찰 끝에 나온 만큼 명언은 우리가 살아가는 데 훌륭한 나침반이 되어 주지요.

1. 거짓말은 눈사람과 같아서 굴리면 굴릴수록 더 커진다. −루터(독일 종교 개혁자)
2. 건강한 신체에 건강한 정신이 깃든다. −유베날리스(고대 로마 풍자 시인)
3. 겨울이 오면 봄이 멀지 않다. −셸리(영국 시인)
4. 고기가 탐나거든 그물을 짜라. −힐티(스위스 사상가·정치가)
5. 고난이 크면 클수록 영광도 크다. −키케로(고대 로마 정치가·문인)
6. 국가가 나를 위해 무엇을 해 줄 것인가를 바라기에 앞서, 내가 국가를 위해 무엇을 할 것인가를 생각해야 한다. −케네디(미국 제35대 대통령)
7. 국민의, 국민을 위한, 국민에 의한 정부는 이 땅에서 영원히 사라지지 않을 것이다.
    −링컨(미국 제16대 대통령)
8. 그래도 지구는 돈다. −갈릴레이(이탈리아 과학자)
9. 기회가 두 번 문을 두드린다고 생각지 말아라. −샹포르(프랑스 극작가)
10. 끝을 맺기를 처음과 같이 하면 실패가 없다. −노자(중국 사상가)
11. 나는 생각한다. 고로 존재한다. −데카르트(프랑스 철학자)
12. 나는 승리를 훔치지 않는다. −알렉산더 대왕(대제국을 건설한 마케도니아 왕)
13. 나는 신문 없는 정부보다 정부 없는 신문을 택하겠다. −T. 제퍼슨(미국 제3대 대통령)
14. 나는 전화를 발명한 사람으로 기억되기보다는 농아들의 선생으로 기억되고 싶다.
    −벨(영국 태생의 미국 발명가)
15. 남을 감동시키려면 우선 자기부터 감동하지 않으면 안 된다. −밀레(프랑스 화가)
16. 남을 비판하는 사람은 남을 사랑할 시간이 없다. −테레사 수녀(인도 수녀)
17. 내 사전에 불가능이란 말은 없다. −나폴레옹(프랑스 황제)
18. 내일 무엇을 해야 할지 모르는 사람은 불행하다. −고리키(러시아 작가)
19. 너 자신을 알라. −소크라테스(고대 그리스 철학자)
20. 높이 나는 갈매기가 멀리 본다. −리처드 버크(미국 작가)
21. 늦었더라도 아무것도 하지 않는 것보다는 하는 것이 낫다.
    −리비우스(고대 로마 역사가)

22. 뜻이 있는 곳에 길이 있다. —버나드 쇼(영국 극작가 · 소설가 · 비평가)
23. 로마는 하루아침에 이루어지지 않았다. —세르반테스(에스파냐 작가)
24. 마음이 천국을 만들기도 하고 지옥을 만들기도 한다. —밀턴(영국 시인)
25. 말은 행동의 거울이다. —솔론(고대 그리스 정치가 · 시인)
26. 말해야 할 때를 아는 사람은 침묵해야 할 때도 안다.
    —아르키메데스(고대 그리스 자연 과학자)
27. 머리는 냉철하게, 그러나 심장은 뜨겁게. —마셜(영국 경제학자)
28. 모욕은 잊어버리되, 친절은 결코 잊지 말아라. —공자(중국 사상가)
29. 무언가를 배우는 데 체험만큼 좋은 것은 없다. —아인슈타인(미국 과학자)
30. 바보도 때로는 좋은 충고를 한다. —겔리우스(고대 로마 저술가)
31. 배우기만 하고 생각하지 않으면 어둡고, 또한 생각만 하고 배우지 아니하면 위태롭다.
    —공자(중국 사상가)
32. 변명 중에서도 가장 어리석고 못난 변명은 "시간이 없어서…"라는 변명이다.
    —에디슨(미국 발명가)
33. 부끄러워해야 할 것은 잘못이 아니고 잘못을 고치지 못하는 것이다.
    —루소(프랑스 계몽 사상가)
34. 부드러운 말로 상대방을 설득할 수 없는 사람은 거친 말로도 설득하지 못한다.
    —체호프(러시아 극작가 · 소설가)
35. 부지런한 꿀벌은 슬퍼할 틈이 없다. —블레이크(영국 시인 · 화가)
36. 비록 내일 지구의 종말이 온다 하여도 나는 오늘 한 그루의 사과나무를 심겠다.
    —스피노자(네덜란드 철학자)
37. 사막이 아름다운 것은 어딘가에 샘을 숨기고 있기 때문이다.
    —생텍쥐페리(프랑스 소설가 · 비행사)
38. 산다는 것은 호흡하는 것이 아니라 행동하는 것이다. —루소(프랑스 계몽 사상가)
39. 새에겐 둥지가 있고, 거미에겐 거미줄이 있듯이 사람에겐 우정이 있다.
    —블레이크(영국 시인 · 화가)
40. 생각하지 않고 읽는 것은 잘 씹지 않고 먹는 것과 같다.
    —E. 버크(영국 정치가 · 사상가)
41. 성공한 사람이 되려고 하지 말고 가치 있는 사람이 되려고 하라.
    —아인슈타인(미국 이론 물리학자)
42. 세상을 움직이려면 먼저 나 자신을 움직여야 한다.
    —소크라테스(고대 그리스 철학자)
43. 세월은 사람을 기다리지 않는다. —도연명(중국 동진 시인)
44. 소년이여, 야망을 가져라. —클라크(미국 농학자)

45. 쇳덩이는 사용하지 않으면 녹이 슬고 물은 사용하지 않으면 썩거나 얼어붙듯이 재능도 사용하지 않으면 녹슬어 버린다. -레오나르도 다빈치(이탈리아 미술가 · 건축가 · 과학자)
46. 순간을 지배하는 사람이 인생을 지배한다. -에센바흐(중세 독일 궁정 시인)
47. 시간은 금이다. -프랭클린(미국 정치가 · 과학자)
48. 아는 것이 힘이다. -베이컨(영국 철학자 · 정치가)
49. 악법도 법이다. -소크라테스(고대 그리스 철학자)
50. 어진 사람은 적에게서 많은 것을 배운다. -아리스토텔레스(고대 그리스 철학자)
51. 언제까지나 계속되는 불행은 없다. -롤랑(프랑스 소설가 · 사상가)
52. 언젠가 할 수 있는 일이라면 어떤 일이든 오늘도 할 수 있다. -몽테뉴(프랑스 사상가)
53. 예술은 길고 인생은 짧다. -히포크라테스(고대 그리스 의학자)
54. 오늘 할 수 있는 일은 내일로 미루지 마라. -제퍼슨(미국 제3대 대통령)
55. 왔노라, 보았노라, 이겼노라. -카이사르(고대 로마 군인 · 정치가)
56. 용서는 최고의 복수이다. -빌링스(미국 유머 작가)
57. 우리는 위대한 일을 할 수 없다. 다만 위대한 사랑으로 작은 일을 할 수 있을 뿐이다.
    -테레사 수녀(인도 수녀)
58. 우리의 인생은 우리가 노력한 만큼 가치가 있다. -모리아크(프랑스 소설가 · 시인)
59. 웃음이 없는 인생은 울적한 공백이다. -새커리(영국 소설가)
60. 위급한 때일수록 힘보다는 지혜가 필요하다. -이솝(고대 그리스 우화 작가)
61. 인간은 만물의 척도이다. -프로타고라스(고대 그리스 철학자)
62. 인간은 생각하는 갈대이다. -파스칼(프랑스 수학자 · 물리학자 · 사상가)
63. 인간은 태어날 때부터 사회적 동물이다. -아리스토텔레스(고대 그리스 철학자)
64. 인내는 쓰다. 그러나 그 열매는 달다. -루소(프랑스 계몽 사상가)
65. 인생은 짧고 예술은 길다. -히포크라테스(고대 그리스 의학자)
66. 인생이란 학교에는 '불행'이라는 훌륭한 스승이 있다. 스승 때문에 우리는 더욱 단련된다.
    -프리체(러시아 문화사가 · 예술학자)
67. 일기는 고독한 사람의 마음의 친구이며, 위로의 손길이며, 또한 의사이기도 하다.
    -아미엘(스위스 작가 · 철학자)
68. 자신감은 성공의 제1 비결이다. -에머슨(미국 시인 · 사상가)
69. 자신에게 이기는 것이 진정한 승리이다. -네루(인도 정치가)
70. 자연으로 돌아가라. -루소(프랑스 계몽 사상가)
71. 자유가 아니면 죽음을 달라. -헨리(미국 정치가)
72. 자유는 책임을 수반한다. 많은 사람들이 자유를 두려워하는 것은 이 때문이다.
    -버나드 쇼(영국 극작가 · 소설가 · 비평가)
73. 재능엔 한계가 있지만, 노력엔 한계가 없다. -아인슈타인(미국 이론 물리학자)
74. 절망은 죽음에 이르는 병이다. -키에르케고르(덴마크 종교 사상가)

75. 조금을 알기 위해서 많이 공부해야 한다. -몽테스키외(프랑스 계몽 사상가)
76. 좋은 약은 입에 쓰나 병에 이롭고, 충직한 말은 귀에 거슬리나 행동에 이롭다.
    -사마천(중국 역사가)
77. 증오는 그 마음을 품는 자에게 다시 돌아간다. -베토벤(독일 작곡가)
78. 진실성이 결여된 칭찬은 아첨일 뿐이다. -위고(프랑스 소설가 · 시인 · 극작가)
79. 진정한 발견은 새로운 땅을 찾는 것이 아니라 새로운 눈으로 보는 것이다.
    -프루스트(프랑스 소설가)
80. 참으로 지혜로운 사람은 허송세월을 가장 슬퍼한다. -단테(이탈리아 시인)
81. 책 속에 길이 있다. -디즈레일리(영국 정치가)
82. 천재는 1%의 영감과 99%의 노력으로 만들어진다. -에디슨(미국 발명가)
83. 청소년기는 제2의 탄생이다. -루소(프랑스 계몽 사상가)
84. 충고는 남이 모르게 하고, 칭찬은 공공연히 하라. -시루스(고대 로마 시인)
85. 친구는 기쁨을 두 배로 늘려 주고, 슬픔은 반으로 줄여 준다.
    -실러(독일 시인 · 극작가)
86. 친구를 가까이하라. 그리고 적은 더 가까이하라.
    -만델라(남아프리카 공화국 최초의 흑인 대통령)
87. 태양은 또다시 떠오른다. -헤밍웨이(미국 소설가)
88. 펜은 칼보다 강하다. -리턴(영국 작가)
89. 하늘은 스스로 돕는 자를 돕는다. -스마일스(영국 저술가)
90. 하루라도 책을 읽지 않으면 입에 가시가 돋는다. -안중근(독립운동가)
91. 학문에는 왕도가 없다. -유클리드(고대 그리스 수학자)
92. 한 번의 실패와 영원한 실패를 혼동하지 마라. -피츠제럴드(미국 소설가)
93. 한 번 포기하는 것을 배우면 그것은 습관이 된다. -빈스 롬바르디(미국 미식축구 감독)
94. 행동에 나설 시간은 바로 지금이다. 무언가를 하는 데 너무 늦다는 것은 있을 수 없다.
    -샌드버그(미국 시인)
95. 행복의 한쪽 문이 닫히면 다른 쪽 문이 열린다. -헬렌 켈러(미국 사회사업가)
96. 행운은 마음의 준비가 되어 있는 사람에게만 미소를 짓는다.
    -파스퇴르(프랑스 미생물학자 · 화학자)
97. 현명한 사람은 적으로부터 많은 것을 배운다. -아리스토파네스(고대 그리스의 희극 시인)
98. 화가 나거든 10까지 세어라. 그래도 풀리지 않거든 100까지 세어라.
    -제퍼슨(미국 제3대 대통령)
99. 황금을 보기를 돌같이 하라. -최영(고려의 무신)
100. 훌륭한 충고보다 값진 선물은 없다. -에라스뮈스(네덜란드 인문학자)
101. 희망 속에 행복이 있다. -A. E. 포(미국 소설가 · 시인)

정답풀이

끝말잇기 미로 (41쪽)

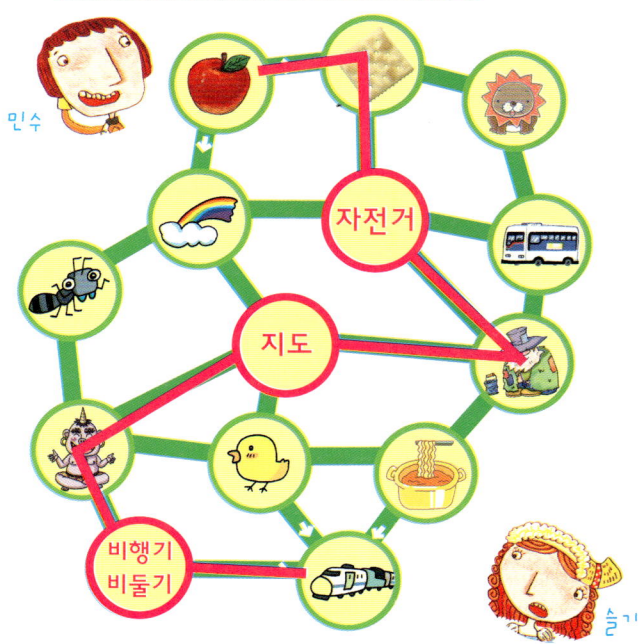

성냥개비 퍼즐 (73쪽)

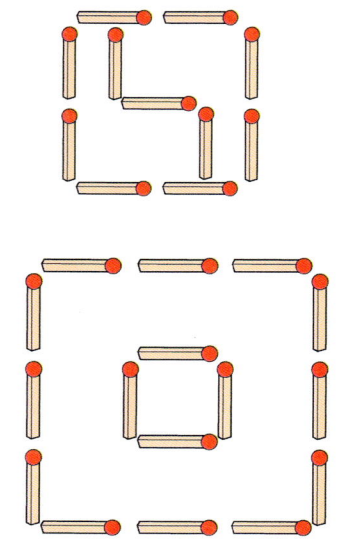

수수께끼 (96쪽)

1. 바지
2. 풍선
3. 얼음
4. 벌집
5. 수염
6. 밥공기

49칸 퍼즐 (147쪽)

		①아	인	슈	타	인
②유	클	리	드			
	③도	스	토	옙	스	키
		토				
		텔			⑥이	솝
④나	폴	레	옹		순	
⑤빌	링	스			신	

엮은이_최송림

고려대학교 철학과에서 공부하고 극작가 · 어린이책 작가로 활동하고 계십니다. 〈에케호모〉〈아침놀 저녁비〉〈한자리 딴꿈〉 등의 희곡을 발표하고, 어린이를 위한 위인전 · 동화책 등을 쓰셨습니다. 나됨 출판사를 운영하고 계십니다.

그린이_이정

홍익대학교 시각디자인학과를 졸업하고, 한국 미술 대전 한국화 부문 대상, 육영 재단 일러스트 부문 대상을 수상하셨습니다. 〈포커스 한국사〉〈상상대로 생각 동화〉〈6학년이 꼭 읽어야 할 18가지 이야기〉 등의 책에 그림을 그리셨습니다. 한국 프리랜서 모임 '창작 디자인'의 회장을 맡고 계시며, 일러스트 학원에서 강사로도 활동하고 계십니다.

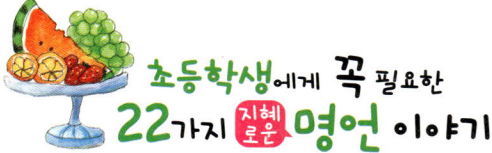

2011년 3월 5일 초판 1쇄 인쇄
2011년 3월 10일 초판 1쇄 발행

엮은이 | 최송림
그린이 | 이정

펴낸이 | 이미례
편집책임 | 육은숙
편집 | 박수진
디자인 | 신우진

펴낸곳 | (주)학은미디어
주소 | 서울 영등포구 문래동 3가 82-29 우리벤처타운 903호
전화 | (02)2632-0135~7   팩스 | (02)2632-0151
등록 번호 | 제13-673호   ⓒ (주)학은미디어, 2011

ISBN 978-89-8140-384-3   73800
＊잘못된 책은 바꾸어 드립니다.